TRÜGERISCHE SCHÖNHEITEN

Die Welt der wilden Orchideen

CHRISTIAN ZIEGLER

Mit einem Vorwort von Natalie Angier und einer Einführung von Michael Pollan
Aus dem Englischen von Claudia Arlinghaus

Janeene gewidmet
—CZ

Seite 1: Bulbophyllum blumei. *Sabah, Malaysia, Borneo.*

Vorhergehende Doppelseite: Encyclia bractescens. *Chilibre, Zentral-Panama.*

Rechts: *Die Spiegel-Ragwurz* Ophrys speculum. *Jede Art der Ragwurz-Gattung lockt eine andere Bienenart als Bestäuber an. Die Pflanzen imitieren zu diesem Zweck perfekt das Sexualpheromon des jeweiligen Bienenweibchens. Sexualtäuschung wird von etlichen Orchideen angewendet, um Bestäuberinsekten anzulocken. Sardinien.*

Blühende Masdevallia livingstoneana *in der Wipfelregion eines feuchten Tiefland-Regenwaldes. Nationalpark San Lorenzo, Panama.*

Vorhergehende Doppelseite: *Ein männlicher Brilliantkolibri bestäubt eine* Elleanthus-*Art. Auf dem Schnabel des Vogels liegt das violette Pollinium der Orchidee. Die meisten von Vögeln bestäubten Orchideen zeichnen sich durch dunklen Pollen aus; gelben Pollen würde der Vogel wahrscheinlich zu rasch wahrnehmen und fortputzen. Orchideenreservat Finca Drácula, West-Panama.*

Inhalt

Vorwort von Natalie Angier 12
Einführung von Michael Pollan 21

1 ANPASSUNG 35
Sie faszinieren uns mit ihrer Schönheit und scheinbaren Zerbrechlichkeit, und doch zählen die Orchideen zu den robustesten, anpassungsfähigsten Pflanzenfamilien auf Erden.

2 ARTENREICHTUM 95
Bei aller Seltenheit der Orchidaceae in der Natur weist diese Familie mit 25 000 wilden Arten eine spektakuläre Vielfalt auf – doppelt so viele Arten wie die Vögel dieser Welt und viermal so viele wie die Säugetiere.

3 BESTÄUBUNG 137
Jede dritte Orchideenart verspricht ihrem Bestäuber mit raffinierten Täuschungsmanövern weitaus mehr, als sie später hält.

ARTENREGISTER 179
DANK 180

Coryanthes panamensis. *Die beeindruckende Blüte dieser Maskenorchidee liefert ihrem Bestäuber, einer männlichen Prachtbiene, Zutaten für den Duft, mit dem das Insekt später weibliche Bienen anlocken wird. Gamboa, Zentral-Panama.*

Vorwort

Bevor sich im alten China Reisende in einen Wald hineinwagten, schmückten sie ihr Haar mit Orchideen, denn diese allein sollten über die Macht verfügen, böse Geister fernzuhalten. Den Samurai im vorindustriellen Japan war die Orchidee *Neofinetia falcata* derart heilig, dass jeder Frevel an der zartgliedrigen hellen Blume mit der Todesstrafe geahndet wurde. Im Zeitalter Königin Viktorias zahlten närrische Orchideensammler für die herrlichsten Blüten zigtausend Pfund Sterling.

Gern bedauern die Botaniker unserer Tage eine in der Gesellschaft weit verbreitete „Pflanzenblindheit" – die Leichtigkeit, mit der Menschen ihr grünes Umfeld als struppiges Mobiliar hinnehmen, das sie oft nicht einmal der belebten Welt zurechnen. Und doch findet sich im Reiche Floras ein Völkchen, das dauerhaft gegen das Mauerblümchendasein gefeit zu sein scheint: die Familie der Orchidaceae. Wer könnte eine Orchidee übersehen? Selbst jene, die nicht farbtrunken von Moulin-Rouge-Pigmenten oder in tadellosem Armani-Nadelstreifen daherkommen, blicken uns mit beinahe menschlichen Gesichtern an. Mit ihrem charakteristischen Labellum – dem umgestalteten unteren Blütenblatt, das den Bestäubern als Landebahn dient – erinnern die achsensymmetrischen Blüten mal an einen Schmollmund, dann wieder an Popeyes ausgeprägte Kinnpartie, und die seitlichen Sepalen und Petalen umgeben sie wie windzerzaustes Haar oder muten an wie ein kurios abgespreizter Kopfschmuck der Commedia dell'arte. Der mannigfaltige Erfolg der Orchidaceae ist unübersehbar: Mit 25 000 bekannten Arten und über 100 000 Hybriden repräsentieren sic die formenreichste Pflanzenfamilie auf Erden. „Orchideen finden sich in schlichtweg jedem Lebensraum, vom Polarkreis bis hinunter nach Feuerland", erklärt Marc Hachadourian, Orchideen-Kurator des Botanischen Gartens New York. „Manche bilden bis zu fünfzehn Meter lange Ranken, andere sind mitsamt Wurzeln nicht größer als mein kleiner Finger; die Maße der Blüten reichen von der Größe eines Kommas bis hin zu gut anderthalb Metern Spannweite." Orchideen, so sagt er, „haben die ganze Welt erobert."

Auch in unsere Mythen, Metaphern und Medizinschränke haben sie Einzug gehalten. Die chinesische und andere asiatische Kulturen schenken ihren Orchideen seit langem große Beachtung – die elegant gebogenen Blätter tragen dazu ebenso bei wie die farbsatte Blütenpracht. Konfuzius verglich gar den wahren Edelmann mit einer Orchidee: großmütig, kultiviert, reinen Herzens und noch in Armut ungebeugt. Gleichzeitig verkörperte die Orchidee die Attribute der idealen Frau – elegant und bescheiden sei sie, dabei geheimnisvoll-verführerisch. Orchideen standen auch für die Liebe: „Wenn zwei Menschen im Innersten ihres Herzens im Einklang sind", so das *I Ching*, „so sind ihre Worte süß und stark, wie der Duft der Orchidee." Selbst in kriegerischen Zeiten bewahrten die Pflanzen ihre Symbolkraft – trotzig aus Gesteinsritzen sprießende *Cymbidium*-Orchideen verwendeten chinesische Maler als Sinnbild des Widerstands, nachdem die Mongolen 1279 die Song-Dynastie besiegt hatten.

Auch auf der Zutatenliste etlicher überlieferter Heilmittel stehen Orchideen; sie finden Anwendung gegen Arthritis, Cholera, Leib- und Kopfschmerzen, Fieber und Husten, und sogar kranken Elefanten werden Arzneien daraus verordnet. Als Hernán Cortés im Jahr 1519 in Mexiko Einzug hielt, reichte der Aztekenherrscher Moctezuma dem Gast sein liebstes Stärkungsmittel: einen mit *Vanilla planifolia* aromatisierten Kakaotrunk. Die Freundschaft wollte nicht gedeihen, wohl aber die abendländische Begeisterung für Vanille. Bis heute wird Vanillemark aufwändig von Kultursorten der *V. planifolia* gewonnen, um die weltweite Nachfrage nach dem feinen Aroma zu decken.

Diverse europäische Orchideen waren als Fruchtbarkeitsfetisch gefragt, denn das rundliche Knollenpaar an ihrem Grund erinnert in seiner Form an ein primäres männliches Geschlechtsmerkmal. Wer wusste schon, wozu diese äußerliche Ähnlichkeit gut sein mochte? So riet man im alten Griechenland werdenden Eltern, die sich einen Sohn wünschten, frische große Orchideenknollen zu essen; kleine schrumplige dagegen sollten für ein Mädchen sorgen. Tatsächlich gaben die Orchideen und ihre Vermehrung den alten Griechen Rätsel auf – diese Gewächse produzieren den winzigsten Samen des ganzen Pflanzenreichs, und die griechischen Naturforscher konnten die staubfeine Saat einfach nicht sehen. Doch wenn Orchideen nicht aus Samen hervorgingen, so verwiesen sie vielleicht auf das Treiben hochsexualisierter Waldgeister, waren Früchte der Kuppelei, die überall dort aufsprangen, wo Satyrn mit Nymphen spielten? Erst später begannen Forscher die Raffinesse der Orchideen zu durchschauen: Die Meisterstrategen beschränken sich bei ihren Samen auf eine Minimalausstattung, denn Bodenpilze versorgen die Sprösslinge mit dem zum Keimen nötigen Zucker.

Im 19. Jahrhundert erwuchs aus der großen Orchideenbegeisterung ein regelrechter Industriezweig. Während der technische Fortschritt himmelwärts strebende Gewächshäuser aus Glas und Stahl ermöglichte, kehrten weltenbummelnde Naturkundler wie Charles Darwin aus den entlegensten Winkeln des Globus mit immer neuen exotischen Blütenwundern zurück. Obwohl sich die Menschen dieser Zeit für aufgeklärte Realisten hielten, die über jegliche Vermenschlichung der Natur erhaben waren, dichteten sie den Orchideen einen geheimnisvoll-erotischen Kitzel an: Haben Sie schon Charles Darwins Beschreibung der Orchidee mit dem unfassbar tiefen Lippensporn gelesen, deren Bestäuber einen geradezu unanständig langen Rüssel benötigt? Kritiker schmähten die Blüten als „Pornographie in Pflanzengestalt", von der sich ehrbare Damen tunlichst fernzuhalten hätten, woraufhin sich das Verlangen sämtlicher ehrbarer Damen mit passendem Geldbeutel unweigerlich auf eben diese Blumen fixierte. Für den Landadel und das aufstrebende Bürgertum wurde die Orchideenhaltung zum Statussymbol.

Heute erfreuen sich Orchideen größerer Beliebtheit denn je. Die Orchideenschau im Tokyo Dome, auf der die Züchter um ein Preisgeld von 25 000 Dollar konkurrieren, lockt alljährlich eine Million Besucher an. „Die Lichter, der Aufwand, der Prunk sind unfassbar", so Marc Hachadourian. Doch nicht jeder begeistert sich für Orchideen. Manchen erscheinen die Blüten überladen, andere zitieren den Humphrey-Bogart-Film *Tote schlafen fest*, in dem der reiche, an den Rollstuhl gefesselte General Sternwood die Blüten folgendermaßen abtut: „Ich finde sie ekelhaft. Ihr Fleisch ist ähnlich dem Fleisch der Menschen, ihr Duft hat die verdorbene Süße einer Prostituierten." Und doch bin ich überzeugt, dass selbst der störrischste Orchideen-Skeptiker seine Meinung ändern dürfte, sähe er diese Schönheiten so, wie die Natur es vorsah: Nicht im Treibhaus, nicht in Unzahlen in einer Ausstellungshalle, sondern so, wie Christian Ziegler sie hier vorstellt – in ihrer ursprünglichen Pracht, als Rarität am Waldboden oder hoch auf einem Baum im Bergregenwald, wo sie ebenso leise wie beharrlich unsere Aufmerksamkeit einfordern.

Natalie Angier

Michael Pollan

SEX UNTER ORCHIDEEN

„Ich hatte immer Freude daran, die Pflanzen in der Rangordnung organisierter Wesen höher zu stufen."
Charles Darwin

Vorhergehende Doppelseiten
Seite 14–15: Paracaleana nigrita *lockt das Rollwespenmännchen, das die Bestäubung vornimmt, mittels Sexualtäuschung an. Sobald das Insekt das an ein Wespenweibchen erinnernde Labellum ergreift, wird es durch einen raffinierten Mechanismus auf die Griffelsäule der Orchidee bugsiert und kurzfristig zwischen den „Flügeln" des Konstrukts gefangen gehalten. Denmark, Bundesstaat Western Australia, Australien.*

Seite 16–17: Dracula erythrochaete. *Orchideenreservat Finca Drácula, West-Panama.*

Seite 18–19: *Zwei* Caladenia-*Arten und dazwischen eine Naturhybride der beiden Arten. Albany, Bundesstaat Western Australia, Australien.*

Links: *Die Drohnen-Ragwurz* Ophrys bombyliflora *und ihr Bestäuber, eine männliche Einsiedlerbiene der Gattung* Eucera. *Sardinien.*

Wir Zweibeiner trauen den Pflanzen viel zu wenig zu. Erscheint uns jemand unfähig oder belanglos, so tun wir ihn als „Gewächs", als „Pflaume" oder „Gurke" ab. Ein Mensch, der seiner wichtigsten Fähigkeiten beraubt ist und sich selbst nicht mehr helfen kann, „vegetiert dahin". Die Pflanzen selbst jedoch meistern ihr Leben sehr gut und taten dies schon Jahrmillionen, bevor der Mensch auf den Plan trat. Gewiss, sie sind ortsgebunden, sie handhaben weder Werkzeug noch Feuer, und sowohl das Mysterium eines Bewusstseins als auch das Sprachvermögen bleiben ihnen vorenthalten. Uns Menschen sichert das gerade genannte Handwerkszeug das Überleben, wir betrachten es als Nachweis unseres „hohen Entwicklungsstandes". Überraschen dürfte das kaum, denn schließlich zielte die menschliche Evolution von jeher darauf ab. Doch lassen Sie uns einmal kurz innehalten und überlegen, worauf eigentlich diese Überzeugung vom menschlichen Bewusstsein als Gipfel der Evolution gründet: Auf eben jenem menschlichen Bewusstsein. Keine allzu objektive Quelle, nicht wahr?

Jegliches natürliche Handwerkszeug ist das Ergebnis einer Adaptation; Darwin spricht von „Anpassung". Dabei gibt es in der Evolution niemals nur einen Weg zum Ziel. Während wir Menschen an der freien Fortbewegung (Lokomotion), an unserem Denk- und Sprachvermögen feilten, erarbeiteten sich die Pflanzen einen Katalog vollkommen anderer Tricks, mit deren Hilfe sie das Leben meistern. All ihre Kunstgriffe tragen dabei dem Urphänomen pflanzlichen Daseins Rechnung: der Ortsgebundenheit. Wie will ein Lebewesen, das sich nicht vom Fleck rühren kann, seine Gene verbreiten? Wie sich verteidigen? Es wird zum Perfektionisten auf den Gebieten Biochemie, Körperfunktionen, Form und Farbe, und im Fall der Blütenpflanzen auch in der Kunst, angeblich höher entwickelte Lebewesen zu eigenen Zwecken einzuspannen.

Lassen Sie uns also ein paar andere Errungenschaften der Evolution feiern – jene, die weitaus stärker im Mittelpunkt des Interesses stünden, wären Pflanzen bei der Abfassung der Naturgeschichte federführend. So aber müssen wir uns mit diesem Essay eines Zweibeiners namens Michael Pollan begnügen. Ich denke dabei konkret an die Blütenpflanzen, und zwar an eine ihrer arten- und formenreichsten Familien: die Orchideen, die es im Verlauf von achtzig Millionen Jahren geschafft haben, mit insgesamt rund 25 000 Arten nahezu jeden erdenklichen Lebensraum auf sechs Kontinenten zu besiedeln, von den Wüsten Westaustraliens bis zu den Nebelwäldern Zentralamerikas, von den Wipfeln der Urwaldgiganten bis hin zu Verstecken unter der Erdkrume, von einsamen Berggipfeln im Mittelmeer bis hin zu Wohnzimmern, Büros und Restaurants in aller Welt. Ihr Erfolgsgeheimnis, und zwar in einem Wort? Sex. Allerdings nicht die Wald- und Wiesenvariante. Genau genommen sogar ziemlich ausgefallener Sex.

In der Hoffnung, einmal diesen Blümchensex mit eigenen Augen zu beobachten, erklomm besagter Zweibeiner vor kurzem einen jener mediterranen Gipfel, wo er eine besonders raffinierte und hinterhältige Orchidee anzutreffen hoffte: *Ophrys*, die Ragwurz, von manchen Botanikern wenig zuvorkommend als „Flittchen" bezeichnet. Seit ich das erste Mal von der Fortpflanzungsstrategie dieser Orchidee gelesen hatte (mein Naturführer sprach von „Sexualtäuschung" und „Pseudokopulation"), wollte ich sie und ihren düpierten Bestäuber mit eigenen Augen sehen. Was ich dabei über diese Orchideengattung erfuhr, zwang mich, meine Einschätzung dessen, was eine raffinierte Pflanze mit einer leichtgläubigen Kreatur anstellen kann, komplett zu revidieren. Im Falle dieser *Ophrys* ist eine Bienenverwandte betroffen. Die Orchidee bietet ihr weder Nektar noch Pollen als Belohnung; stattdessen verführt sie das männliche Insekt mit einer Verheißung von Bienensex und sichert dann die Befruchtung der eigenen Art, indem sie das sorgfältig geschürte Verlangen frustriert. Zum Zwecke dieser Sexualtäuschung ahmt die Orchidee das Aussehen, den Duft und sogar das haptische Erscheinungsbild der weiblichen Biene nach. Anders ausgedrückt: Die Blume präsentiert sich als Analogon, indem sie sich als Insektenweibchen kostümiert. Gar nicht übel für ein Lebewesen, das nicht denken kann!

Unsere Orchidee erwies sich als weitaus leichter aufzufinden denn ihr Bestäuber. Gemeinsam mit Christian Ziegler reiste ich auf die Mittelmeerinsel Sardinien. Bekannt ist die bevölkerungsarme, windumtoste Gebirgsinsel vor allem durch ihre blühende Artenvielfalt und als bevorzugter Unterschlupf von Banditen. Wie man sieht, haben hier nicht nur die Blumen ihre Tücken ... Die Suche nach Orchideen erweist sich oft als ziemliche Plackerei, doch hier in den sardischen Bergen sprießen die Ragwurze wie andernorts Brennnesseln am Wege. Obwohl die Pflanze nur rund zwanzig Zentimeter hoch ist, kann man sie zur Blüte im April bereits vom fahrenden Auto aus erkennen. Wir trafen die Pflanzen inmitten eines veritablen mediterranen Gartens an; ihre Nachbarn waren duftender Rosmarin, Sterndolde, Lilien, Storchschnabel, Currykraut und Fenchel.

Selbst von Nahem ähnelt die Lippe – das Labellum – dieser kleinen Orchidee verblüffend einem von hinten betrachteten Bienenweibchen. Die Pseudobiene ist bei manchen *Ophrys*-Arten sogar mit falschem Pelz, dem Anschein von irisierenden Flügeln in Ruhestellung und einer Andeutung von angewinkelten Beinen ausgestattet. Dabei wirkt die Attrappe, als habe sie ihren Kopf tief zwischen den Sepalen einer grünen Blüte vergraben. Den trügerischen Augenschein vervollständigt die Orchidee mit einem für uns nicht wahrnehmbaren Duft, der den Pheromonen des Bienenweibchens außerordentlich gut entspricht – ein der Notwendigkeit geschuldeter Aufwand, denn inmitten der bunt gemischten Gesellschaft mediterraner Kräuter kann die Orchidee die männliche Biene nur mit einer exakten Lockduft-Kopie erfolgreich beschwindeln.

In der Hoffnung, Zeugen einer Pseudokopulation zu werden, stellten wir eine Orchideengruppe unter mehrstündige Beobachtung. Kein Glück. Nur einem winzigen Bruchteil dieser Orchideen gelingt die Befruchtung, sodass man sich fragen mag, wie vernünftig eine auf Sexualtäuschung beruhende Strategie wirklich ist (mehr dazu später). Klappt es jedoch, dann läuft die Sache folgendermaßen ab: Das Bienenmännchen landet auf dem bienengestaltigen Labellum und beginnt einen Paarungsversuch. Eine Quelle beschreibt es so: „Es vollführt Bewegungen, die einem ungewöhnlich heftigen und ausdauernden Versuch der Kopulation gleichen." Während dieser fruchtlosen Anstrengung rempelt die Biene auch gegen die Griffelsäule, ein nur der Orchideenblüte zu eigenes Gebilde, in dem die weiblichen und männlichen Fortpflanzungsorgane vereint sind. Dabei heftet sich das gelbe Pollinarium (die ebenfalls nur bei Orchideen vorkommende zusammenhängende, gestielte Pollenmasse) mit seiner Klebscheibe an den Rücken des Insekts. Die Verzweiflung wächst, bis das Bienenmännchen schließlich einsieht, dass es hereingelegt wurde. Abrupt macht es sich mit den fest anhaftenden Pollinien davon und sucht hektisch nach wahrem weiblichem Verständnis.

Moris' Ragwurz (Ophrys morisii). Sardinien.

Lepanthes-Art. Orchideenreservat Finca Drácula, West-Panama.

So, wie die Einsiedlerbiene dort herumirrt, auf dem Rücken wie ein Mini-Tauchgerät ihre gelbe Last, hat sie schon etwas Bemitleidenswertes an sich. Das Insekt hat sich von der Hoffnung auf eine Kopulation verführen lassen – Bienensex wurde versprochen, doch von Anfang an ging es nur um Pflanzensex. Eine mit Pollen beladene Biene wird von Botanikern schon mal als „geflügelter Phallus" bezeichnet, aber die meisten Bienen übernehmen die Rolle des Bestäubers eher so nebenbei; sie haben nicht Sex, sondern Futter im Sinn. Ganz anders jedoch unser gefoppter Orchideengast.

Tatsächlich spielt die sexuelle Frustration der Biene in der Fortpflanzungsstrategie dieser Orchideen eine wichtige Rolle, denn sie fördert die Auskreuzung – das Heraustragen von Erbgut in eine entfernter stehende Population und damit einhergehend die Stärkung der Überlebenschancen der Art. Eine verwirrte und frustrierte Biene fliegt nur selten eine zweite Blüte in unmittelbarer Nähe an. Fest entschlossen, denselben Fehler nicht zweimal zu begehen, macht sie sich erst einmal ein Stück davon. Wenn alles perfekt läuft, lässt die Biene sich schließlich in größerer Entfernung auf eine erneute Pseudokopulation mit einer anderen Orchidee ein und gibt dabei ihr Pollenpaket ab. In ihrem Aussehen und ihrem Pheromon-Imitat unterscheidet sich die zweite Pflanze meist minimal von der ersten. Manche Botaniker erklären diese subtile Variation als einen Bestandteil der Strategie: Nur so lässt sich die Biene erneut von derselben Orchideenart austricksen. „Imperfekte Mimikry" ist die Bezeichnung für diese Adaptation. Es ist schon genial – offenbar besteht die Perfektion der Fortpflanzungsstrategie in eben dieser Imperfektion.

Die Befruchtungsstrategien von *Ophrys* und anderen Orchideengattungen sind ebenso kompliziert wie raffiniert und hinterhältig; sie erscheinen derart unglaublich, dass die Vertreter des Kreationismus bisweilen Orchideen als Beweis dafür heranziehen, dass in der Natur eine höhere Intelligenz die Hand im Spiel haben müsse. (Das wäre allerdings eine reichlich teuflische Intelligenz.) Zwar bieten diverse Orchideen den Insekten und Vögeln, die ihren Pollen transportieren, die übliche Belohnung in Form von Nahrung, doch rund ein Drittel der Orchideenarten hat schon vor langer Zeit entdeckt, dass man sich die Mühe mit dem Nektar sparen kann und zugleich die Chancen auf Auskreuzung erhöht, wenn man nur mit der rechten List vorgeht. Diese Arten täuschen ihre Helfer mittels optischer und olfaktorischer Signale oder taktiler Reize (die Ragwurz setzt alle drei zugleich ein).

Die Mitglieder der Orchidaceae sind die großen Spezialisten im Austricksen und Ausnutzen von Tieren. Manche Knabenkräuter locken ihre Bestäuber mit Nahrungsversprechen, indem sie nektarproduzierende Blüten nachahmen. Die von Fliegen bestäubten Angehörigen der Gattung *Dracula* verströmen diverse scheußliche Zersetzungsgerüche – von Schimmel über verdorbenes Fleisch bis hin zu Katzenurin und Babywindel. (Kein Scherz, ich habe es selbst gerochen!) Bei anderen Orchideen, beispielsweise der Gattung *Serapias*, täuschen die Blüten einen Unterschlupf oder Brutplatz vor. Die Blüten mancher *Oncidium*-Arten ahmen die Gestalt einer fliegenden männlichen *Centris*-Biene nach; die dadurch provozierten „Revierkämpfe" kulminieren in der Bestäubung. Und dann gibt es noch die zahlreichen Orchideen, die Liebe versprechen.

Die Fortpflanzungsstrategien der Orchideen zielen also auf die eine oder andere Weise auf die drei tierischen Grundbedürfnisse ab: Nahrung, Schutz, Sex. Ich möchte behaupten, hingebungsvollere Ergründer tierischen Verlangens hat die Pflanzenwelt nicht hervorgebracht. Orchideen sind die Meta-Blumen der Natur: Sie improvisieren auf dem bereits vorhandenen Instrumentarium. Denn ihre Täuschungsmanöver können nur in einer Welt gelingen, in der die meisten Dinge tatsächlich das sind, als was sie erscheinen – wo Verwesungsgeruch wirklich auf verfaulendes Fleisch hindeutet, wo Blumen Nektar bereithalten, wo Blüten sich nicht als Insekten ausgeben.

Aus den bizarren Befruchtungsstrategien der Orchideen ergeben sich allerdings knifflige Fragen an die Evolutionsbiologie. Normalerweise fördert die natürliche Auslese keine unnötige Komplizierung. Warum also blieben die Orchideen nicht bei der simplen, mit Nektarbelohnung arbeitenden Befruchtungsstrategie? Und wie um alles in der Welt konnten ihre Sexualpraktiken derart komplex geraten? Und was – wenn überhaupt – haben die gelinkten Bestäuber von ihrer „Beziehung" zu diesen Blüten? Wäre die Antwort „nichts als Frust", so müsste die Natur doch nach und nach jene Insekten auslesen, die ihre Zeit vollkommen kopflos mit dem pflanzlichen Äquivalent der Gummipuppe vertun. Etliche Täuschungsmanöver sind derart spezifisch, dass sie nur einen einzigen, allerdings extrem hingebungsvollen Bestäuber irreführen, der sich jedoch längst nicht immer einstellt – siehe *Ophrys*. Welchen Vorteil hat es also, sich von einem einzigen, nicht immer kooperativen Bestäuber derart abhängig zu machen?

Dracula wallisii. *Finca Drácula, Panama.*

Auf diese Fragen liefern uns Botaniker und Evolutionsbiologen faszinierende Antworten. Tatsächlich ermöglichen die besonderen Fortpflanzungstaktiken der Orchideen eine der besten Fallstudien natürlicher Selektion. Auch Darwin erkannte dies und ließ sich von den Befruchtungsstrategien der Orchideen faszinieren. Zwar blieb ihm der Zweck der unglaublichen Bienenmimikry der *Ophrys*-Blüten verborgen (die erste Pseudokopulation wurde erst 1916 beobachtet), doch vieles von dem, was wir heute über diese Pflanzen wissen, stammt aus seiner Abhandlung *Die verschiedenen Einrichtungen, durch welche Orchideen von Insekten befruchtet werden*, die er 1862 direkt im Anschluss an *Die Entstehung der Arten* veröffentlichte. Manche Wissenschaftler sind sogar davon überzeugt, Darwins Theorie der natürlichen Auslese wäre auf weit geringere Skepsis gestoßen, hätte er bereits vorher sein Buch über die Orchideen veröffentlicht. Warum? Weil er schon dort den Blütenbau der Orchideen als „ebenso vielfältig und fast so vollkommen [...] wie die schönsten Anpassungen im Tierreich" vorstellte. In seiner Abhandlung zeigt Darwin in minutiösem Detail, wie selbst die skurrilste Einrichtung dieser Blüten dem Zweck der Fortpflanzung dient. Etliche Blütenbestandteile sind derart genau auf die Ansprüche der Pflanze wie auch auf den Körperbau ihres Bestäubers abgestimmt, dass sie Darwin elegante Beweise für seine aufsehenerregende Evolutionstheorie an die Hand gaben.

Mit Hilfe einer Borste und der in Europa verbreiteten Pyramiden-Hundswurz *Anacamptis pyramidalis*, einer ursprünglich der Gattung *Orchis* hinzugerechneten Nektartäuschblume, zeigte Darwin in einfachen Experimenten, dass die Fortpflanzungsorgane der Orchidee perfekt auf eine Fremdbestäubung ausgelegt sind. Darwin beschreibt zwei Kämme auf dem Labellum der Blüte, die den schlanken Schmetterlingsrüssel „wie einen Faden in ein enges Nadelöhr" führen, bis hin zu einem bestimmten Punkt direkt unterhalb der Klebscheibe des Pollinariums tief im Pseudo-Nektarium. Beim Zurückziehen bringt der Schmetterlingsrüssel (bzw. in Darwins Experiment die Borste) die sattelförmige Klebscheibe mit den senkrecht davon abstehenden Pollenpaketen mit heraus. Interessanterweise können die Pollinien in dieser Position unmöglich mit der Narbe einer anderen Orchideenblüte in Kontakt kommen, sollte der Falter sofort eine weitere Blüte besuchen. Darwin fand heraus, dass der Kleber, der den Staubbeutel am Schmetterlingsrüssel fixiert, sich nach einer halben Minute derart zusammenzieht, dass das Pollinium sich auf den Rüssel/die Borste absenkt – und nun kann das Pollinium perfekt an der nächsten besuchten Blüte andocken. Das aber bedeutet, dass der Blütenstaub der Orchidee mindestens dreißig Sekunden unterwegs sein muss, bevor er erfolgreich auf eine Narbe geführt werden kann, und eben dies garantiert, dass die Gene der Pflanze nicht an eine Blüte der Ursprungspflanze oder einer nahen Verwandten verschwendet werden. (Als Darwin diesen Trick seinem Freund und Kollegen Thomas Huxley vorführte, soll dieser kommentiert haben: „Sie erwarten doch wohl nicht, dass ich das glaube.")

Diverse jüngere Theorien sollen erklären, warum manche Orchideen von der simplen Nektarbelohnung für ihre Bestäuber Abstand genommen haben. Eine Erklärung wäre die Energie, die sie einsparen, wenn sie keinen Nektar produzieren, doch auch der Betrug kostet einigen Aufwand. Der Evolutionsbiologe John Alcock stellt in seinem Buch *An Enthusiasm for Orchids* zwei faszinierendere Möglichkeiten vor. Im Rahmen eines Versuchs versahen Botaniker nektarlose Orchideen mit Nektar. Die Bestäuber blieben nun länger in der Nähe und besuchten weitere Blüten an derselben Pflanze und in ihrer direkten Nachbarschaft. Das jedoch steht den Interessen der Orchidee diametral entgegen, denn Inzucht fördert minderwertigen Samen. Werden die Gene hingegen mit denjenigen eines weiter entfernten Partners kombiniert, so gehen daraus variablere und somit vitalere Nachkommen hervor – optimale Überlebenschancen für die Art. Wie bei der von Bienen bestäubten Ragwurz profitiert auch hier die Pflanze vom Frust des Insekts, das sich rascher vom Feld macht und eine weitere Strecke zurücklegt. Andere Studien deuten darauf hin, dass sich ein unbefriedigter Bestäuber tiefer in die Blüte vergräbt und beim Versuch, an das versprochene Futter zu gelangen, entsprechend herumzappelt. Hierdurch erhöht sich die Wahrscheinlichkeit, dass er an die Pollinien stößt, bevor er beleidigt abraucht.

Ein weiterer Grund, warum so viele Orchideen aus dem Gastrogewerbe ausgestiegen sind, mag in den Vorteilen begründet sein, die eine feste Beziehung zu einem einzigen treuen Bestäuber mit sich bringt. Nektar wird von vielen Tieren geschätzt; er zieht daher alles mögliche dahergelaufene Volk an, sodass das Pollenpaket am Ende womöglich nicht an der richtigen Adresse landet. Versteht jedoch eine Orchidee mit einem Duft zu locken, auf den nur die Männchen einer ganz bestimmten Bienenart abfahren, so ist sichergestellt, dass der Blütenstaub genau dort anlangt, wo er hin soll: Auf der Narbe einer weit entfernten Orchidee derselben Art. So entlassen auf Dauer diejenigen Orchideen, die bestimmte Insektenlockstoffe imitieren, mehr Nachkommen in die Welt als jene, die ohne Ansehen der Person die gesamte Nachbarschaft durchfüttern.

Ein Schmetterling ist der Bestäuber von Epidendrum radicans. *Der abgebildete Blütengast trägt bereits Pollinien am Rüssel. Gamboa, Zentral-Panama.*

Die strengen Anforderungen an die Parfümherstellung (und an Sexualtäuschungsstrategien überhaupt) sind eine weitere mögliche Erklärung für das erstaunliche Artenspektrum der Orchidaceae. Eine Mutation, die eine minimale Duftabweichung zur Folge hat, könnte rein zufällig das Interesse eines neuen Bestäubers wecken und zugleich dem gewohnten Blütengast die Lust verderben. Für die Entstehung einer neuen Art dürfte eine solche Variation der Duftkomposition in etwa dieselbe Rolle spielen wie eine geographische Isolation: Sie verhindert, dass Pollen der Ursprungsart auf die Blüten der Mutation gelangt. Dadurch kann sich die neue Orchidee in genetischer Isolation weiterentwickeln – eine Vorbedingung für die Entwicklung einer eigenständigen Art.

Neue Arten entstehen bei den Orchideen reihenweise. Tatsächlich überrascht diese Familie durch die Vielzahl ihrer Spezies bei gleichzeitig relativ niedriger Individuenzahl: Verglichen mit anderen großen Pflanzenfamilien fällt ihre Gesamt-Biomasse erstaunlich gering aus. Diese relative Seltenheit der Orchideen in der Natur ist ein guter Grund, Pollen mittels hochspezialisierter Befruchtungsstrategien so effizient wie möglich zum Einsatz zu bringen – kein Vergleich zu Pflanzen wie den Gräsern, die ihren Blütenstaub einfach dem Wind überlassen. Und doch trägt die geringe Gesamtzahl der Orchideen zugleich zu ihrem Überleben bei, denn wären ihre Tricks häufiger anzutreffen, würden sie unwirksam – sie sind auf die zahlenmäßige Überlegenheit „ehrlicher" Blüten angewiesen.

Noch eine weitere Eigenart der Orchideen lässt sich als Erklärung für ihre außergewöhnliche Formenfülle sowie für die Raffinesse ihrer Befruchtungsstrategien anführen. Blüten lassen sich in zwei Typen unterteilen: radiärsymmetrische Blüten wie die der Margeriten und Sonnenblumen sowie bilateralsymmetrische Blüten wie jene der Iris und der Orchideen. Der zweite Blütenbau ist komplexer und bietet wesentlich mehr Variationsmöglichkeiten. Dies wird sofort deutlich, wenn man beide Typen einem direkten Vergleich unterzieht. Die bilateralsymmetrische Blüte enthält wesentlich mehr Informationen – man bedenke nur, wie viele Worte nötig sind, um sie zu beschreiben! Ohne eine bilaterale Symmetrie gäbe es nicht das Labellum in all seinen außergewöhnlichen Ausprägungen. Doch eine der wichtigsten Optionen, die sich durch diese Art der Symmetrie ergibt, ist die Möglichkeit, den Körperbau eines Bestäubers nachzubilden – denn die Symmetrie der meisten höheren Lebewesen ist ganz zufällig ebenfalls bilateral.

Eindeutig stellen die Orchideen beim Sex Qualität über Quantität. Zwar fällt längst nicht jeder potenzielle Bestäuber auf ihre Sexualtäuschmanöver herein, doch immer wieder erwischt es einen, und das reicht diesen Pflanzen völlig aus. Jedes Pollinium enthält eine frappierende Anzahl Pollenkörner, und sind diese erst an ihren Bestimmungsort gelangt, so bildet die befruchtete Blüte Tausende Samen aus. Einerseits gestaltet sich die Fortpflanzung der Orchideen also als seltener, kompliziert choreographierter Akt, wie es zu jemandem passt, dem das Schicksal seiner Gene am Herzen liegt. Doch ist der Bund erst einmal geschlossen, folgt ein Vabanquespiel der Verschwendungssucht.

Die vom Wind verwehten winzigen Orchideensamen verzichten als echte Minimalisten sogar auf den sonst üblichen Nährstoffvorrat für den angelegten Embryo. Auch hier macht sich die Orchidee (wieder einmal, möchte man sagen) vom Großmut anderer abhängig – in diesem Fall von der Hilfe eines endophytischen Pilzes. Geht alles glatt (was es selten tut), so infiltriert das Pilzgewebe den Orchideensamen und versorgt ihn mit dem Zucker, den der Embryo zum Heranwachsen benötigt. Wie profitiert der Pilz von dieser Gemeinschaft? Möglicherweise gar nicht – immerhin sprechen wir hier von Orchideen, und so ist es nicht ausgeschlossen, dass dem armen Pilz vorgegaukelt wird, der Orchideensame sei eine tote Mikrobe oder etwas ähnlich Nahrhaftes. Sobald der Pilz nicht mehr nützlich ist, verleibt die Orchidee ihn sich einfach ein.

Falls Sie allmählich den Eindruck bekommen, dass ich Orchideen nicht über den Weg traue, so haben Sie vollkommen Recht. Ich habe nämlich gesehen, wozu sie fähig sind.

Die australischen Orchideen der Gattung *Cryptostylis* locken ihre Bestäuber mit einem Duft, der dem Pheromon der weiblichen Schlupfwespe *Lissopimpla excelsa* genau nachempfunden ist. Die männliche Wespe landet auf dem bei vielen Arten zungenförmigen, oberständigen Labellum, Hinterleib voran, und beginnt mit der Blüte zu kopulieren. Dabei dringt die Spitze ihres Hinterleibs in das Blüteninnere ein, bis sie gegen die klebrigen Pollinien stößt, die sich wie zwei gelbe Schwänzchen am Insektenleib festsetzen. Dieses Spiel mitmachen zu müssen ist für das Insekt jedoch nur der Anfang der Demütigung, denn die Zungenorchidee überschreitet die Grenze von der Pseudokopulation zur Perversion: In der überwiegenden Zahl der Fälle kommt es so weit, dass das Wespenmännchen – in Australien allgemein als „Orchideendepp" bezeichnet – in seiner fehlgerichteten Liebesmüh auf die Blüte ejakuliert.

Caladenia cairnsiana mit ihrem Bestäuber, einem Wespenmännchen. Bei Denmark, Bundesstaat Western Australia, Australien.

Männliche Prachtbiene mit Orchideen-Pollinium auf dem Hinterleib. Barro Colorado Island, Panama.

Das könnte man nun als den Gipfel der Unangepasstheit betrachten und erwarten, dass die natürliche Selektion kurzen Prozess macht mit einer Kreatur, die ihr Erbe beim unbedachten Liebesakt mit einer Blume verschleudert. Allerdings haben wir es hier mit dem bizarren Liebesleben der Orchideen zu tun, und wieder einmal erweist sich die Angelegenheit als ein wenig komplexer. *Lissopimpla excelsa* zählt nämlich zu den haplo-diploiden Spezies der Hautflügler, und diese können sowohl mit als auch ohne männliche Keimzellen für Nachkommen sorgen. Steht männlicher Samen zur Verfügung, wachsen aus den Schlupfwespeneiern männliche und weibliche Wespen im üblichen Verhältnis heran; unbefruchtet jedoch entwickeln sich sämtliche Eier zu Männchen. Wie praktisch für die Orchidee! Denn indem sie die Wespe dazu bringt, ihren Samen an Blumen zu vergeuden, reduziert sie die Zahl der Spermien, die zur Befruchtung von Wespenweibchen zur Verfügung stehen, und sichert sich so eine noch größere Anzahl potenzieller Bestäuber. Doch nicht nur das: Das Übermaß an männlichen Wespen sorgt für eine Verschärfung des Konkurrenzkampfes. Je verzweifelter das Männchen, desto weniger wählerisch ist es in Bezug auf seine Partnerin und desto anfälliger für die Verführungskunst der Blüten – eine wahrlich frohe Botschaft für die Zungenorchidee, die hier nicht nur den einzelnen Bestäuber, sondern die Populationsstruktur der gesamten Spezies manipuliert.

All dies lässt uns die Orchideen umso mehr bestaunen, aber auch ein wenig kritischer sehen – und wir beginnen uns zu fragen, ob nicht auch wir Opfer ihres trügerischen Charmes geworden sind. Genau dieser Gedanke kam mir, als ich zum ersten Mal der berühmt-berüchtigten zentralamerikanischen Maskenorchidee *Coryanthes* gegenüberstand. Ich besuchte in Panama die Gärtnerei von Gaspar Silvera, einem Orchideensammler und -züchter. Silvera trägt seinen Panamahut mit lässiger Eleganz; verheiratet ist er mit einer Frau mit dem passenden Namen Flor. Seit der ehemals im Staatsdienst tätige Agronom im Ruhestand ist, widmet er sich der Rettung und mühsamen Vermehrung von Orchideen, die von Erschließungsmaßnahmen bedroht sind. „Ich schätze, auch ich lasse mich von den Orchideen manipulieren." Mit einem Augenzwinkern beendete er seine mit Anekdoten gespickte Schilderung der Strapazen, die er gern auf sich nimmt, wenn als Belohnung eine besonders ausgesuchte Spezies winkt.

Auf der Suche nach Orchideen tief im Nebelwald von Panama hatten Christian Ziegler und ich bereits extreme Hitze und Kälte, sintflutartigen Regen und Schlammlawinen über uns ergehen lassen, als Silvera anrief und berichtete, eine seiner *Coryanthes* sei erblüht. Nur sehr selten fühlt sich diese Gattung in Gefangenschaft derart wohl, und so flogen wir sofort nach Chilibre zu Silveras Gärtnerei. Wir wollten unbedingt Zeugen des hochdramatischen, nicht jugendfreien Schauspiels dieses Befruchtungsakts sein.

Obgleich die kanariengelbe Blüte, eine erstaunlich plump wirkende Was-passiert-dann-Maschine, bei unserem Eintreffen bereits im Verblühen war, verströmte sie noch immer einen überwältigenden Duft nach Aprikose und Eukalyptus. Einige Tage zuvor hatte sie ihre raffinierte Petalenkonstruktion weit aufgespreizt, und ihr würzig-süßer Duft hatte aus den umliegenden Wäldern einen ganzen Trupp Prachtbienen angelockt – schlanke, glänzende, stachellose Insekten, die als Einsiedler leben. Die Prachtbienen drängelten sich auf den glatten Rundungen der kompliziert modellierten Blütenblätter; sie befanden sich genau oberhalb des kesselförmigen Labellums, in das von der Blüte eine klare, leicht zähe Flüssigkeit tropfte.

Nektar war das allerdings nicht.

Eifrig schabten die Bienen mit ihren Vorderbeinen Öl von der wachsartigen Blütenoberfläche, um es in den Körbchen an den Tibien ihrer Hinterbeine zu deponieren. Was genau sie da sammeln und vor allem warum, fand erst der Botaniker Stefan Vogel im Jahr 1966 heraus: Die Bienen tragen hier die chemischen Bausteine für einen bestimmten Duft zusammen.

Gewöhnlich produziert ein Tier die Duftstoffe, mit denen es seinen Partner lockt, selbst. Nicht jedoch die Prachtbienenmännchen: Diese sammeln ihre Zutaten von Orchideen sowie von bestimmten Blättern und Pilzen, um sie später „von Hand" zu mischen, jede Prachtbienenart nach ihrem eigenen Rezept. Hat das Bienenmännchen sein ganz spezielles Bukett zubereitet, so bestreicht es damit seine Flügel und beginnt mit diesen zu vibrieren, um den Duft in der Luft freizusetzen und ein Weibchen anzulocken.

Einige Tage vorher hatte ich mit Hilfe von David Roubik, dem führenden Prachtbienen-Experten, in dem Wald hinter seinem Haus in Ostpanama eine dieser Bienen gefangen. Roubik knipste ihr ein Bein ab und wies mich an, das Tibienkörbchen zwischen den Fingern zu zerdrücken. Ein bezaubernder Wohlgeruch nach Kampfer und Blumen erfüllte die feuchte Waldluft.

Die Maskenorchidee lässt sich ihren Beitrag zu diesem Parfüm teuer entgelten. Immer wieder verliert eine der Bienen, die sich um das Duftöl balgen, den Halt an der glatten Blüte und stürzt in den Kessel. Eigentlich wäre das kein Problem, doch die zähe Flüssigkeit sorgt dafür, dass die Insektenflügel vorübergehend nicht einsatzfähig sind. Die Biene strampelt sich also ab, um die rutschigen Seitenwände empor zu kraxeln, bis sie auf eine Reihe von treppenartigen Vorsprüngen stößt, die sie aus dem Tümpel und durch eine enge Passage nach hinten aus der Blüte heraus gelangen lassen. Während sich die benommene Biene triefnass durch den engen Tunnel schiebt, passiert sie einen unter Spannung stehenden Mechanismus, der – wer hätte es gedacht! – ihr ein gelbes Pollinienpaar auf den Rücken klatscht. Verläuft alles nach Plan, so trocknet die Biene ihre Flügel, fliegt zu einer anderen *Coryanthes*, plumpst erneut in den Kessel und lässt auf dem Weg durch die Röhre ihren gelben Rucksack an winzigen Häkchen zurück, die zu ebendiesem Zweck dort angebracht sind. Nach erfolgter Bestäubung macht die Orchidee ihren Laden dicht, indem sie die extravagante Blütenkonstruktion einfach in sich zusammensinken lässt. Zurück bleibt nichts als ein wenig zerknüllter gelber Flor.

Nun, zumindest entkommt die Prachtbiene mit einem Körbchen voller Duftstoffe, womit sie dem armen Wespendepp schon einiges voraushat.

Während ich Silveras *Coryanthes* studierte, kam mir folgender Gedanke: Die Beziehung zwischen den Bienen und der Maskenorchidee, über die wir spontan lächeln, unterscheidet sich nicht gar so sehr von unserem eigenen Verhältnis zu solchen Blumen. Wie die Prachtbiene gewinnen auch wir die Zutaten für unsere Parfüms aus Blüten. Und auch wir werben mit Blumen um eine potenzielle Partnerin. Denn was kommunizieren wir mit der Überreichung eines Sträußchens, wenn nicht romantisches Interesse und die Bereitschaft zur Hingabe?

Schon der Name „Orchidee" leitet sich vom griechischen Wort *orchis* – „Hoden" – ab, beschreibt allerdings nicht die Blüte, sondern die Speicherorgane, denen bereits in der Antike aphrodisierende Eigenschaften beigemessen wurden. Man muss jedoch kein Anhänger Sigmund Freuds sein, um in der Leidenschaft für diese Blumen eine starke sexuelle Unterströmung wahrzunehmen. Schon beim Besuch einer Orchideenschau zeigt sich, dass bevorzugt Männer ins „Orchidelirium" fallen, wie die Engländer in der zweiten Hälfte des 19. Jahrhunderts die durch diese Blumen ausgelöste Tollheit nannten. Eric Hansen spricht in *Orchideenfieber* von der „augenfälligen Sexualität", mit der die Orchideen zu Zeiten Königin Viktorias regelrechten Anstoß erregten – allerdings bezog sich das keineswegs auf ihre Fortpflanzungsmethoden. Der viktorianische Kunsthistoriker und Sozialphilosoph John Ruskin beschrieb die Blüten gar als „unzüchtige Erscheinungen".

Unzüchtig? Kann es wirklich sein, dass ein Mensch eine Orchidee anschaut und in ihr – genau wie die irregeführte Prachtbiene und der Orchideendepp – weibliche Anatomie zu erkennen vermeint? (Georgia O'Keeffe tat das allemal.) Ist es denkbar, dass das menschliche Hirn ebenso wie das primitive Insektenhirn im Falle von Orchideen pflanzliches Liebeswerben nicht mehr von jenem der eigenen Spezies differenziert? Dieser evolutionäre Zufall wäre ein neuerlicher Glücksfall für die Orchidee, denn schauen Sie einmal, was wir Menschen heute für diese Pflanzen auf uns nehmen: exorbitante Preise, Gefahr für Leib und Leben bei der Pflanzensuche am Naturstandort, Gesetzesübertretungen, endlose Mühen ... Hat diese verführerische Blume nicht auch uns geködert?

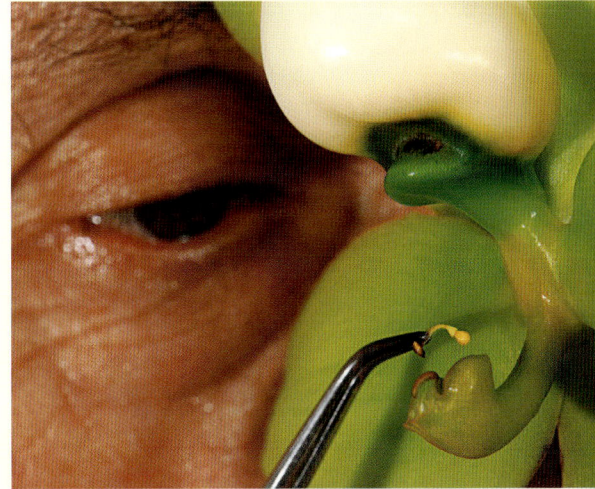

Der Orchideenzüchter Gaspar Silvera ist ein menschlicher Bestäuber. Hier transferiert er Pollinien auf die Blüte einer Schwanenorchis, Cychnoches warscewiczii. *Chilibre, Zentral-Panama.*

Das zumindest ging mir durch den Kopf, während ich zusah, wie Gaspar Silvera mit einer schlanken Pinzette die Pollinien einer Maskenorchidee aufnahm, der keine Prachtbiene in die Falle gegangen war. Mit der ruhigen Hand und der Geduld eines Uhrmachers berührte Silvera das klebrige Pollinium mit der Pinzettenspitze, um es dann in die gekerbte Griffelsäule einer anderen Blüte zu drücken. Mit Glück wird der Züchter nach fünf Jahren Pflegeaufwand eine neue, möglicherweise exquisite Blüte sein eigen nennen – Nachkommen einer Orchidee, die sich ohne den Menschen nicht vermehrt hätte.

Seit die erste künstlich erzeugte Orchideenhybride zur Blüte gelangte (in der westlichen Welt für das Jahr 1856 dokumentiert), hat sich der Mensch zum großen Orchideenbestäuber entwickelt. Wir mögen bewusster an die Sache herangehen als die Prachtbiene, und doch dienen wir den Interessen der Orchidaceae in gleicher Weise, denn wir unterstützen sie bei ihrem Siegeszug um die Welt. Von den mehr als 100 000 registrierten Orchideenhybriden entspringt die Mehrzahl einer arrangierten Vermählung von Arten, die in der Natur weit voneinander entfernt leben: Ohne unsere Kuppelei wäre dieser Nachwuchs niemals zustande gekommen.

Die Orchidee konnte all das natürlich nicht ahnen. Die Evolution kennt keinen Plan, sondern nur blinden Zufall. Doch wie groß ist die Wahrscheinlichkeit, dass eine Blüte, auf die ein paar stupide Insekten abfahren, auch auf uns derart anziehend wirkt? In dem Moment, da die Orchidee auf den Schlüssel zur menschlichen Begierde stieß und sich Zugang zu unseren Herzen verschaffte, eroberte sie eine vollkommen neue Welt, nämlich die des Menschen, und fand dort einen gewaltigen Trupp gutwilligen Personals vor, das ihr nur zu gern zur Hand geht. Seien wir mal ehrlich: Jeder von uns ist ein Orchideendepp.

Kapitel 1

ANPASSUNG

Sie faszinieren uns mit ihrer Schönheit und scheinbaren Zerbrechlichkeit, und doch zählen die Orchideen zu den robustesten, anpassungsfähigsten Pflanzenfamilien auf Erden. In den rund achtzig Millionen Jahren ihrer Entwicklung haben sie sich so gut auf die Bedingungen auf dieser Erde eingestellt, dass sie an den unterschiedlichsten Standorten überleben und gedeihen können, von Halbwüsten bis hin zu luftfeuchten Mangrovensümpfen, von der himmelhoch ragenden, heißen Wipfelregion der Tropenwälder bis hin zur öden, kalten Tundra der Arktis.

Prosthechea prismatocarpa. *Auf der ganzen Welt zählen die ein- bis zweitausend Meter hoch gelegenen tropischen Berg- und Nebelwälder zu den Hotspots der Orchideenvielfalt. Nationalpark La Amistad, West-Panama.*

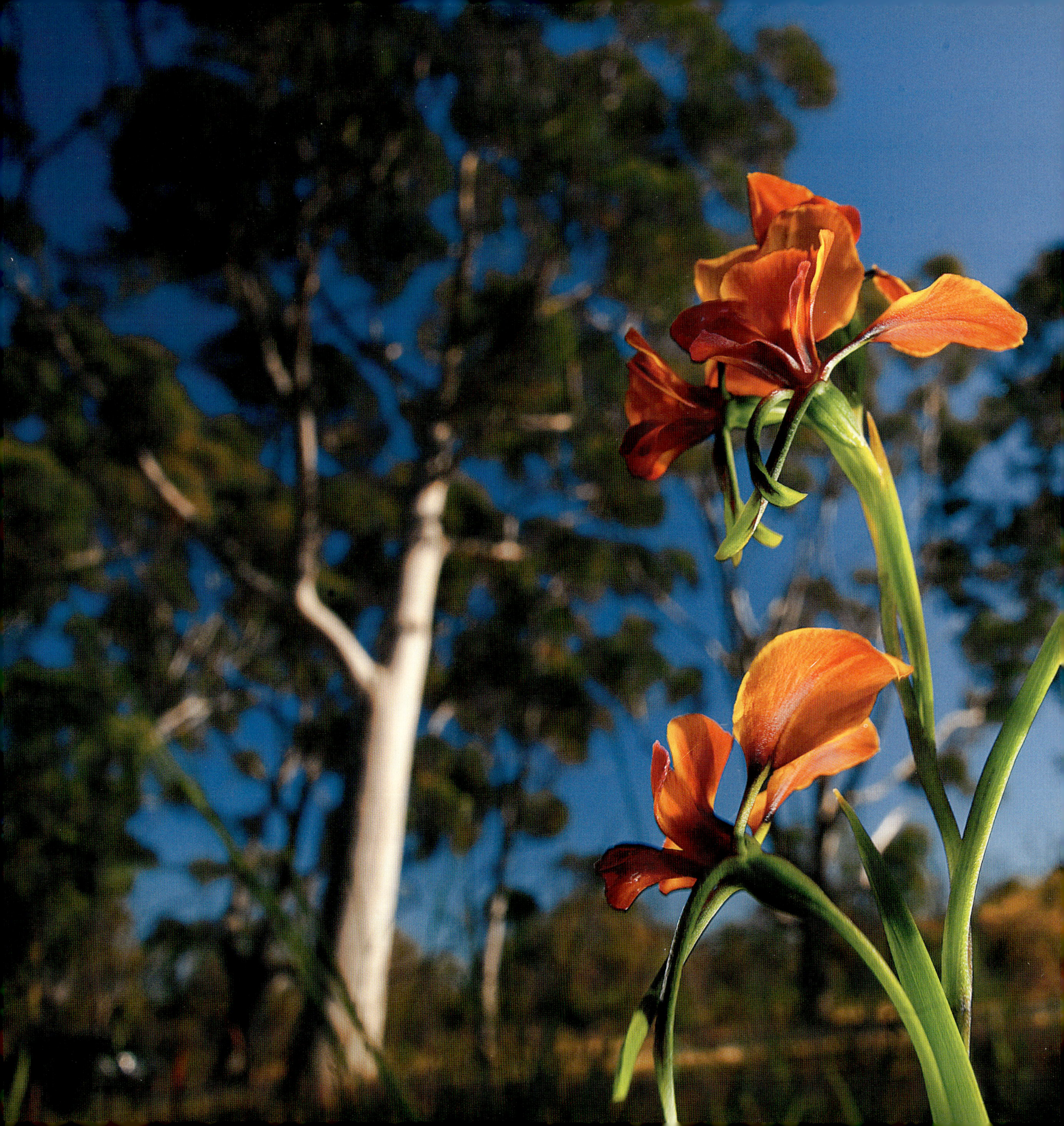

EIN ENTWICKLUNGS-ROMAN

Bereits in meiner naturbegeisterten Jugend im Südwesten Deutschlands war ich von Orchideen fasziniert, die ich als wundersame, seltene Exoten empfand. Wenn ich auf der Suche nach Tieren und Pflanzen die frühsommerlichen Hügel durchstreifte, stellte jede Entdeckung einer Orchidee eine kleine Sensation dar. Wo nach ihnen Ausschau zu halten war, verriet mir ein botanisch interessierter Nachbar. Er konnte genau sagen, wo sich kleine Orchideenbestände am Straßenrand hielten, auch wenn sie dort gar nichts zu suchen hatten. Seiner Einschätzung nach waren sie durch Straßenbauarbeiten dort hingelangt: An den Böschungen war wohl ein wenig mit Orchideensaat durchsetzter Kalkboden angeschüttet worden. Da zahlreiche Erdorchideen Kalkboden verlangen, hielt ich außerdem auf Magerrasen nach ihnen Ausschau – dünnen Gras- und Kräuterdecken auf durchlässigem Untergrund. Bald schon erkannte ich, dass sich die Blüten der Orchideen von anderen Blumen deutlich unterscheiden und dass diese reizenden, zarten Wunderwerke der Natur in nahezu jeder Umgebung gedeihen können, vom steinigen Magerrasen bis hin zum schattigen Feuchtgebiet.

Ich erinnere mich noch deutlich an eine Exkursion zu Studienzeiten. Zum perfekten Zeitpunkt Ende Mai waren wir in die hügelige Graslandschaft unweit der Universität ausgeschwärmt und konnten auf dem südexponierten Rasen ein gutes Dutzend rosa blühender *Orchis*-Arten identifizieren. Dann stiegen wir die Wiesen hinauf in Richtung Pfälzerwald, der sich bis zur französischen Grenze erstreckt, und dort, im lichten Buchenschatten am Waldrand, stand das zarte Weiße Waldvöglein. Tiefer im Wald entdeckten wir Sumpforchideen an einem Bachlauf und im dunkelsten Waldschatten die bräunliche Vogel-Nestwurz. Dieser Orchidee fehlt das Chlorophyll, das bei anderen Pflanzen für das Blattgrün sorgt; stattdessen bezieht sie ihre Nährstoffe von einem Pilz, mit dem sie in Symbiose lebt.

Diuris magnifica in einem Eukalyptuswald. Perth, Bundesstaat Western Australia, Australien.

Gymnadenia conopsea *(Mücken-Händelwurz) in einem schattigen Tannenwald. Süddeutschland, Nähe Bodensee.*

Keine Pflanzenfamilie hat mich je so fasziniert wie die der Orchideen. Ein Grund mag sein, dass diese Gewächse in Mittel- und Nordeuropa relativ selten sind, doch vor allem fesselte mich ihre ungewöhnliche Erscheinung: die zarten Formen, der Blütenbau, die langen Sporne, in denen sich der Nektar verbirgt. Im Aufbau sind sie mit keiner anderen Pflanze vergleichbar, und so erschienen sie mir geheimnisvoll und außergewöhnlich.

Allmählich zog ich meine Kreise in Europa immer weiter und lernte erstaunliche Orchideenstandorte kennen. Auf einer Rucksacktour durch die Schweizer Alpen erlebte ich diese Pflanzen erstmals in großer Zahl. Ich bestaunte ihre Blütenfülle auf den Bergwiesen; vor dem Hintergrund schneebedeckter Gipfel leuchteten ihre Blütenähren rosa zwischen Dutzenden anderer Sommerblumen. Es war atemberaubend. Auf diesen Wiesen fanden sich mehr als ein Dutzend Orchideenarten, einschließlich der von Charles Darwin untersuchten und eingehend beschriebenen Pyramiden-Hundswurz. Auch Darwin begeisterte sich für Orchideen, er sammelte heimische Arten bei seinem Wohnsitz in Kent und vermehrte sie. Sie inspirierten ihn zu seinen wichtigsten Überlegungen zur natürlichen Auslese. In seiner Veröffentlichung *Die verschiedenen Einrichtungen, durch welche Orchideen von Insekten befruchtet werden* erklärt Darwin die Koevolution von Insekten und Orchideen, welche er „zu den eigenthümlichsten und mannigfaltigst gebildeten Formen im Pflanzenreiche" zählte.

Auch ich empfand diese Begeisterung für die „eigenthümlichen" Kreaturen, und auf meinen Wanderungen in den Pyrenäen, in Süditalien und in Griechenland entdeckte ich einen mir bis dahin vollkommen unbekannten Schatz an Orchideenarten. Manche waren seltsam geformt, ahmten Bienen oder andere Insekten nach, während andere erstaunliche Größen erreichten und süß nach Honig dufteten.

Als ich dann während meiner Studienjahre botanische Exkursionen in die Tropenregionen von Asien, Afrika und Panama unternahm, erkannte ich bald, wie schmal die Spannbreite der europäischen Orchideen ist. Die Orchideen der Tropen erschienen mir vollkommen anders als die erdgebundenen Spezies, die ich aus Europa kannte. Fast alle Orchideen der warmen Regenwälder sind Epiphyten, sie wachsen als Aufsitzer auf anderen Pflanzen, viele von ihnen hoch in der Wipfelregion. Geradezu unirdisch waren ihre Formen, Farben und oft auch ihr Duft, und ihre Vielfalt schien grenzenlos – nur höchst selten konnte ich zwei Exemplare derselben Art entdecken.

Meine frühen persönlichen Beobachtungen entsprachen ziemlich genau der tatsächlichen weltweiten Verbreitung der Orchideen. Während man in den meisten gemäßigten Zonen relativ wenige, überwiegend erdgebundene Arten antrifft, sind die tropischen Spezies weitaus formenreicher und leben vorwiegend epiphytisch. In ganz Mitteleuropa existieren etwa 250 Orchideenarten; aus Panama hingegen, das nur etwa ein Zehntel der Fläche Mitteleuropas aufweist, sind über 1300 Arten bekannt, und alljährlich werden etliche neue beschrieben. Ähnlich verhält es sich in den übrigen tropischen und gemäßigten Zonen der Welt. Die Erklärung dafür ist weit in der Vergangenheit zu suchen, in der Geologie der Erde und ihrer Klimageschichte.

DEM KLIMAWANDEL EINEN SCHRITT VORAUS

Seit etwa dreieinhalb Milliarden Jahren existiert Leben auf unserer Erde. Während dieser ganzen Zeit war die Erde ein warmer Planet, wahrscheinlich entwickelten sich die meisten Lebensformen sogar bei höheren Temperaturen, als wir sie aus unseren heutigen Tropen kennen. Feuchtwarmes Klima ließ die gewaltigen Farn- und Schachtelhalmwälder sprießen, die während des Karbons vor rund 300 bis 360 Millionen Jahren den Globus dominierten und deren organische Rückstände sich im Verlauf von Jahrmillionen in unsere fossilen Brennstoffe Kohle und Erdöl verwandelten.

Die ersten neuzeitlichen Blütenpflanzen traten während der Kreidezeit auf den Plan, vor etwa 140 Millionen Jahren. 40 Millionen Jahre später hatten sie sich bereits stark differenziert, denn wahrscheinlich verlief ihre Entwicklung in wechselseitiger Beeinflussung mit derjenigen der Insekten: Die Insekten bestäubten die Blüten, die Blüten nährten die Insekten. Man nimmt an, dass vor rund 80 Millionen Jahren unter den Blütenpflanzen der tropischen Wälder auch die ersten Orchideen auftauchten. Es mag unglaublich klingen, doch Orchideen existierten zeitgleich mit den Dinosauriern – gut 15 Millionen Jahre lang waren beide auf unserem Planeten anzutreffen.

Die heutigen Tropenwälder konnten sich ohne größere Unterbrechung über Jahrmillionen entwickeln. Manche, etwa die Regenwälder in Teilen Afrikas und Südamerikas, nahmen ihren Ursprung vor beeindruckenden 65 Millionen Jahren. Natürlich lebten dort zunächst andere, weniger differenzierte Arten als heute, doch in einem derart lange bestehenden Lebensraum ist die Wahrscheinlichkeit groß, dass einzelne Arten über lange Zeiträume erhalten bleiben. So beheimaten die Tropen heute die meisten Orchideenarten. Zugleich dürfte die vergleichsweise hohe Zahl potenzieller Bestäuber in diesen Wäldern dem Entwicklungspotenzial der Orchideen entgegengekommen sein – eine weitere mögliche Erklärung für die Diskrepanz zwischen dem gewaltigen Artenreichtum in Äquatornähe und den drastisch geringeren Artenzahlen in Richtung Polarregionen.

Die Lebensräume der gemäßigten Breiten sind weitaus jünger und waren zudem im Laufe der Jahrtausende stärkeren Temperaturschwankungen unterworfen; in

Auf den Bergwiesen am Säntis blüht Dactylorhiza maculata *(Geflecktes Knabenkraut) in großer Zahl. Appenzeller Alpen, nordöstliche Schweiz.*

manchen Regionen ist dies ein alljährlich wiederkehrendes Phänomen. Unter solchen Bedingungen überleben nur Erdorchideen, denn sie können sich während der rauen Jahreszeit in den Boden zurückziehen.

Klimawandel begleitet die Erdgeschichte von jeher. Noch nie machte er sich in allen Teilen des Globus gleichermaßen bemerkbar – der Polarraum war immer weitaus stärker betroffen als äquatornahe Gebiete. Momentan erwärmen sich unsere Polarregionen mit besorgniserregender Geschwindigkeit, während der Temperaturanstieg in Äquatornähe wesentlich langsamer verläuft. Die vergangenen Perioden der Erdabkühlung zogen ebenfalls überwiegend die gemäßigten Zonen in Mitleidenschaft, unter anderem das Gebiet der heutigen USA, die nördlichen Teile Europas sowie China – Regionen, die phasenweise von gewaltigen Gletschermassen bedeckt waren. An die allmähliche Abkühlung konnten sich die meisten Lebensformen anpassen; weitaus problematischer war die Vergletscherung, die einzelne Arten oder auch ganze Ökosysteme nach Süden trieb. Allein für die vergangenen 500 000 Jahre sind fünf Eiszeiten mit massiver Vergletscherung nachgewiesen, nach deren Rückgang das Leben im Norden praktisch wieder bei Null beginnen musste.

Sogar im Vergleich zu anderen gemäßigten Zonen war meine Heimat Mitteleuropa vom eiszeitbedingten Artensterben besonders betroffen, denn auf ihrem Weg nach Süden stießen die mitteleuropäischen Migranten auf ein gewaltiges Hindernis: die Alpen. Während auf anderen Kontinenten die großen Gebirgssysteme in Nord-Süd-Richtung verlaufen, erwies sich das europäische Ost-West-Massiv für etliche vor den Gletschern ausweichende Arten als tödliche Barriere. Immer wieder wurden Arten gegen die Alpen gedrängt; es überlebten nur diejenigen, die so schnell vorankamen, dass sie auch der dortigen Vergletscherung entgingen.

Bei Pflanzen findet dieser Treck auf andere Art und Weise statt als bei Tieren. Die meisten Tiere können sich unabhängig und aus eigener Kraft bewegen – sie laufen, fliegen oder schwimmen. Pflanzen müssen eine andere Lösung finden. Der Wegzug einer Pflanzenart erstreckt sich über etliche Generationen, wobei jede Generation nur einen einzigen Schritt vorankommt, und auch das nur unter günstigen Voraussetzungen. Dabei bewegt sich ja nicht die ausgewachsene Pflanze, die fest verwurzelt ist, sondern die Saat, die erstaunliche Entfernungen überbrücken kann, bisweilen viele Kilometer. Samen werden abiotisch verbreitet durch Wind oder Wasser, doch weitaus häufiger übernehmen Tiere den Transport. In ihrem Fell, Gefieder oder Verdauungstrakt können Samenkörner große Strecken zurücklegen. Doch nur diejenigen, die am Ende der Reise die richtigen Bedingungen vorfinden, werden keimen und zu einer fortpflanzungsfähigen neuen Generation heranwachsen.

Stellen Sie sich eine Kälteperiode in der nördlichen Hemisphäre vor. Über Hunderte oder gar Tausende Jahre sinkt die Durchschnittstemperatur allmählich ab. Für alle Pflanzen, die an das bisherige Ökosystem angepasst sind, verschlechtern sich die Bedingungen am nördlichen Rand ihres Verbreitungsgebietes, während sie sich nach Süden hin verbessern. Samen, die es nach Norden verschlägt, haben geringere Chancen heranzuwachsen als solche, die nach Süden gelangen. Und so verschieben sich die Arten in diesem Ökosystem mit jeder Generation um einen Schritt nach Süden.

Natürlich wandern verschiedene Pflanzenarten mit unterschiedlicher Geschwindigkeit, je nachdem, wie rasch eine neue Generation heranwächst und wie weit ihre Saat normalerweise transportiert wird. Während Einjährige gleich im ersten Jahr Samen produzieren und verstreuen und somit sofort auf eine Klimaveränderung reagieren können, dauert es bei Bäumen oft zehn Jahre oder mehr, bis eine Generation herangewachsen und fortpflanzungsfähig ist; entsprechend lange nimmt ein Schritt auf der Wanderschaft in Anspruch. Diese langsamere Reaktionszeit können jedoch manche Baumarten durch eine effiziente weiträumige Samenverteilung ausgleichen. Orchideen wiederum bilden gewaltige Mengen nahezu mikroskopisch kleiner Samen, die der Wind über weite Entfernungen transportiert. Dies garantiert eine schnelle Reise und ermöglicht die Kolonisierung vollkommen neuer Lebensräume.

Ständig reagieren Pflanzenvorkommen, ja ganze Pflanzengesellschaften auf Klimaveränderungen, indem sie nach Norden oder Süden ausweichen. Bei einem so raschen Klimawandel wie dem gegenwärtigen wäre es jedoch möglich, dass die Reaktionszeit mancher Arten zu langsam ist; diese werden von den Veränderungen eingeholt und ausgelöscht werden.

Die Eiszeiten der letzten Jahrmillion hatten dauerhafte Auswirkungen auf sämtliche gemäßigten Ökosysteme der Erde. Wir dürfen nicht vergessen, dass noch vor 15 000 Jahren große Teile Nordamerikas und Europas von Eis bedeckt waren. Die Tier- und Pflanzenarten der heutigen gemäßigten Zonen sind entweder von Süden heraufgewandert oder haben auf Nunataks, eisfreien Inseln inmitten der Gletschermassen, überlebt. Für die europäischen und nordamerikanischen Orchideen scheint beides zuzutreffen.

Auf die alten Tropenwälder hatten die kühlen Phasen der Erdgeschichte weitaus geringere Auswirkungen; diese Regionen waren weniger von einem Temperaturabfall betroffen denn von einem Rückgang der Niederschläge. Möglicherweise haben diese Perioden sogar die Bildung neuer Arten angekurbelt, denn aufgrund des geringeren Niederschlags wurde ein Teil des Dschungels durch Savanne mit verein-

Diese winzige Biene blieb mitsamt einem Orchideen-Pollinium rund zwanzig Millionen Jahre lang in Bernstein konserviert. Der Fund half Wissenschaftlern bei der Bestimmung des Alters der Orchideenfamilie auf etwa hundert Millionen Jahre.

Die auf zweitausend Metern Höhe gelegenen Baumheide-Wälder am Ruwenzori-Gebirge sind hervorragendes Orchideen-Habitat. Uganda.

zelten Waldinseln abgelöst. Diese Zersplitterung des Habitats isolierte die Pflanzen- und Tierarten in Inselbiotopen, und es entstanden neue Arten. Dieses ist eine mögliche Erklärung für den Formenreichtum der Flora und Fauna und für die mannigfaltigen Orchideenarten der heutigen Tropen.

EIN ABGEHOBENES LEBEN

Die Orchideengewächse zeichnen sich durch ihre außergewöhnliche, wahrscheinlich sogar einzigartige Fähigkeit, eine Vielzahl von Lebensräumen zu besiedeln, und durch eine beachtliche Stresstoleranz aus; vor allem mit Nährstoff- und Wassermangel wissen sie souverän umzugehen. Mitglieder der Familie finden sich in den unterschiedlichsten Lebensräumen, von Halbwüsten bis hin zu feuchten Wäldern. Manche Arten leben im Sumpf und können sogar als Schwimmpflanze existieren, während andere auf Bergwiesen und in der arktischen Tundra gedeihen. Selbst unter den rauen Bedingungen des hohen Nordens und im Hochgebirge, wo Bäume und Sträucher bereits den Kampf aufgegeben haben, klammern sich Orchideen noch ans Dasein. Tatsächlich gedeihen einige dieser Gewächse an extremen Standorten besonders gut – sie dehnen die Grenzen aus, die der Planet dem pflanzlichen Leben steckt.

Viele Orchideen haben sich zu Epiphyten entwickelt – Aufsitzerpflanzen, die sich das feste Gerüst der Gehölze zunutze machen, ohne an diesen zu schmarotzen. Vollkommen von der Erde losgelöst müssen sie auf ihrem luftigen Sitz dennoch ihren gesamten Nährstoffbedarf decken. Schätzungsweise gut siebzig Prozent der Orchideen (15 000 bis 20 000 Arten) leben in der Wipfelregion der Regenwälder, womit die Familie der Orchidaceae die Pflanzenfamilie mit den meisten Epiphyten ist.

Wahrscheinlich konnte sich diese epiphytische Lebensweise innerhalb der Orchideenfamilie etliche Male unabhängig voneinander entwickeln, denn bereits die Ur-Orchideen zeichneten sich durch erste Anpassungen aus, die sie auf ein Leben in Baumwipfeln und anderen grenzwertigen Biotopen vorbereiteten: Trockenresistenz, niedriger Nährstoffbedarf, eine spezielle Art der wassersparenden Photosynthese sowie die Fähigkeit, gewaltige Mengen winziger, leicht zu verbreitender Samen hervorzubringen. Der große Nachteil der epiphytischen Lebensweise ist die Distanz zum Boden und somit zu einer verlässlichen gleichmäßigen Versorgung mit Nährstoffen und lebenswichtigem Wasser.

Obgleich es in tropischen Regenwäldern reichlich regnet, ist das Umfeld eines Epiphyten hoch oben im Wipfel oftmals mit einer Wüste vergleichbar; Stressfaktoren sind die extreme Hitze und die hohen UV- und Lichtmengen. Sämtliche epiphytische Orchideen begegnen dem mit diversen Anpassungen. Die meisten verfügen über lediges Laub, das von einer dicken Wachsschicht überzogen ist. Diese minimiert den Wasserverlust und schützt die Pflanze zugleich vor der intensiven UV-Strahlung, die Proteine und DNA zerstören kann. Außerdem haben sie ein verändertes Wurzelsystem ausgebildet: Ihre Wurzeln sind von einer schwammartigen toten Gewebeschicht umhüllt, dem Velamen. Dieses Velamen saugt Wasser auf und speichert es – eine Anpassung an die für den Regenwald charakteristischen seltenen kurzen, aber dafür umso heftigeren Güsse während der Trockenzeit. Eine weitere Anpassung zur Wasserspeicherung sind die verdickten Stängel zahlreicher Orchideen, Pseudobulben genannt, die die Pflanze eine ganze Trockenperiode lang mit Wasser versorgen können. Alljährlich bringen solche Orchideen neue Pseudobulben hervor.

Neben den Nachteilen des Lebens in luftiger Höhe bietet ein solcher Platz an der Sonne den Epiphyten auch einen großen Vorteil: Hier können sie mit nahezu allen Pflanzenteilen ausgiebig Licht tanken, ohne großartig in einen Stamm investieren zu müssen. Ein Baum muss deutlich mehr Aufwand betreiben, bevor sein Laub im Licht baden kann. Reichlich Sonnenschein fördert die Photosynthese, den Prozess, über den die Pflanze Kohlenstoff aus dem Kohlendioxid der Luft herauslöst. Die Orchideen haben eine ganz spezielle Art der Photosynthese entwickelt – ihre wohl wichtigste und raffinierteste Adaptation. Der Vorgang wird als Crassulaceen-Säurestoffwechsel (kurz CAM) bezeichnet. Das Hauptcharakteristikum dieses Stoffwechselvorgangs ist die Fähigkeit der Pflanze, nachts atmosphärisches Kohlendioxid aufzunehmen und zu speichern, um es erst tagsüber mit Hilfe von Sonnenlicht in Zuckerstoffe umzuwandeln. Dies ist ein Prozess auf molekularer Ebene: Das Licht setzt Elektronen frei, die in Energie transportierenden Molekülen gespeichert werden, quasi einem Solarpaneel vergleichbar. Diese Moleküle steuern dann die Energie bei, mit deren Hilfe die Pflanze CO_2 und Wasser zu Zucker umbaut. Das Prinzip gestattet es der Orchidee, tagsüber die Spaltöffnungen in der Blattoberfläche geschlossen zu halten, wodurch sie ihre Verdunstung signifikant reduziert.

Viele Wissenschaftler sehen diese Anpassungen als einen Hauptgrund für die beeindruckende Vielgestaltigkeit der Orchideen. Trockenresistenz und niedriger Nährstoffbedarf befähigten die Erdorchideen der gemäßigten Zonen, so problematische Lebensbereiche wie felsigen, porösen Karst und Magerwiesen zu erschließen und dort eine Vielzahl von Arten auszubilden. Was die tropischen Epiphyten betrifft, so eroberten ihre Vorgänger einen nahezu unbesiedelten Lebensraum: Die Äste der Wipfelregion. Im Laufe der Zeit führten Mechanismen wie die wiederholte Fragmentierung der ausgedehnten Regenwälder sowie die Koevolution mit Bestäubern zu der immer stärkeren Verästelung der Pflanzenfamilie, der wir unser atemberaubendes tropisches Orchideenspektrum verdanken.

Diese Fernandezia-*Art, eine sehr seltene Orchidee, ist in einem sogenannten Zwergwald beheimatet, wo raues Klima dem Wachstum Grenzen setzt. Nationalpark La Amistad, West-Panama.*

Oben: *Eine Orchidee der Gattung* Pterostylis *(Grünkappe) in einem Kasuarinen-Altwald. Bei Denmark, Bundesstaat Western Australia, Australien.*

Rechts: *Ausgedehntes Vorkommen von* Diuris magnifica *im Kings Park. Perth, Bundesstaat Western Australia, Australien.*

Australische Wälder der gemäßigten Zone

Die trockenen Urwälder und Waldgebiete des Bundesstaates Western Australia beherbergen ein wunderbar breites Spektrum an Erdorchideen. Feuer ist in vielen dieser von Eukalyptus dominierten Wälder keine Seltenheit; es befreit sie von Unterholz und schafft ideale Bedingungen für Orchideen und ihre Bestäuber.

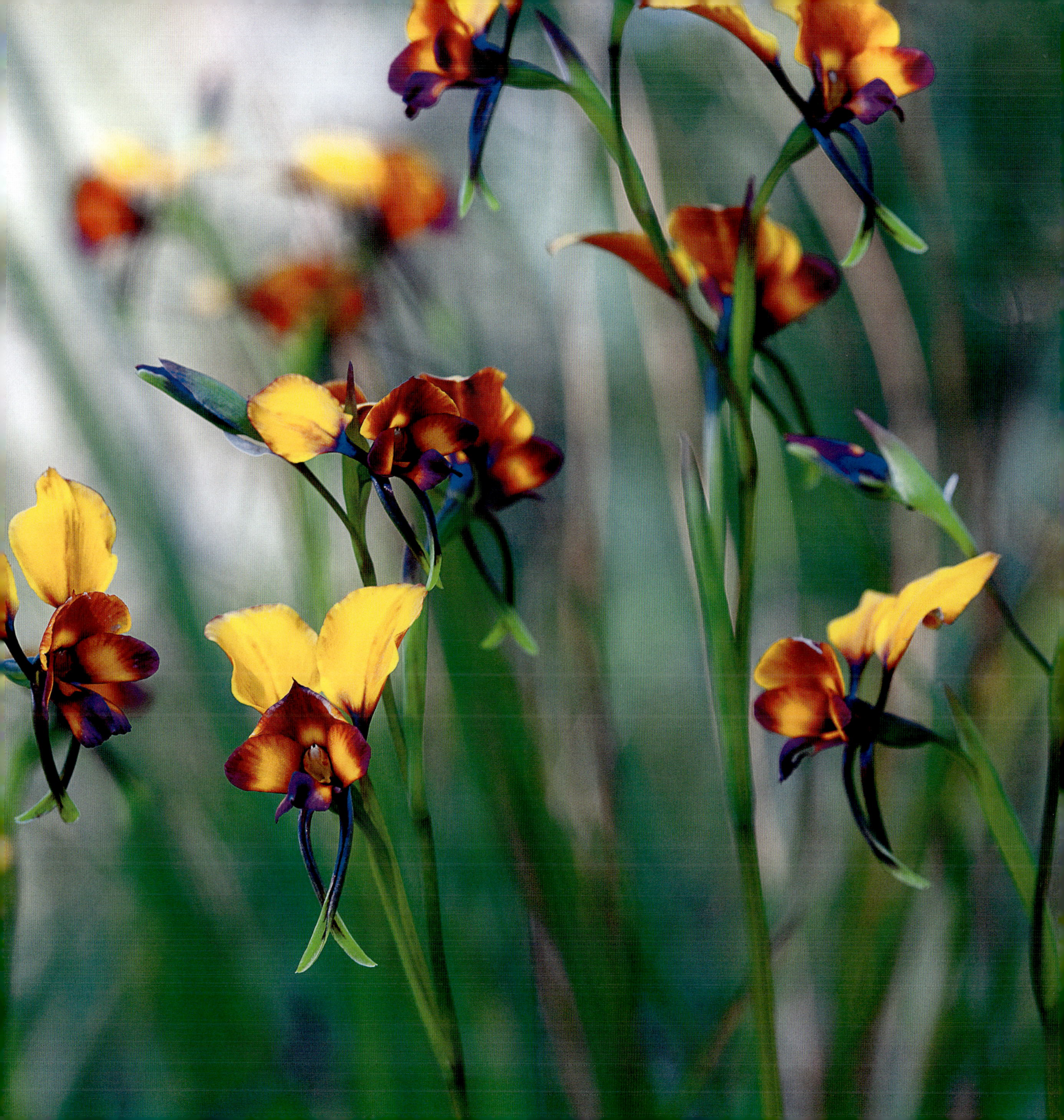

Oben: *Nach einem Waldbrand sprießt inmitten der Holzkohle* Caladenia flava.

Rechts: *Am Fuße eines Baumes, der noch kohlschwarz ist vom letzten Waldbrand, wächst* Cyanicula sericea.

Beide bei Perth, Bundesstaat Western Australia, Australien.

EIN ENTWICKLUNGSROMAN 47

Links oben: *Diese* Pterostylis nutans, *eine Grünkappen-Art, fühlt sich am Bachufer in einem Eukalyptuswald wohl. Südlich von Sydney, Bundesstaat South Australia, Australien.*

Links unten: Caladenia flava *am Rande von zutage tretendem Granitgestein. Bei Perth, Bundesstaat Western Australia, Australien.*

Rechts: Caladenia polychroma *und Sonnentau in direkter Nachbarschaft. Unvorsichtige Bestäuberinsekten, die sich vom falschen Nektarversprechen täuschen lassen, wird der fleischfressende Sonnentau im Nu seiner Verdauung zuführen. Albany, Bundesstaat Western Australia, Australien.*

EIN ENTWICKLUNGSROMAN 49

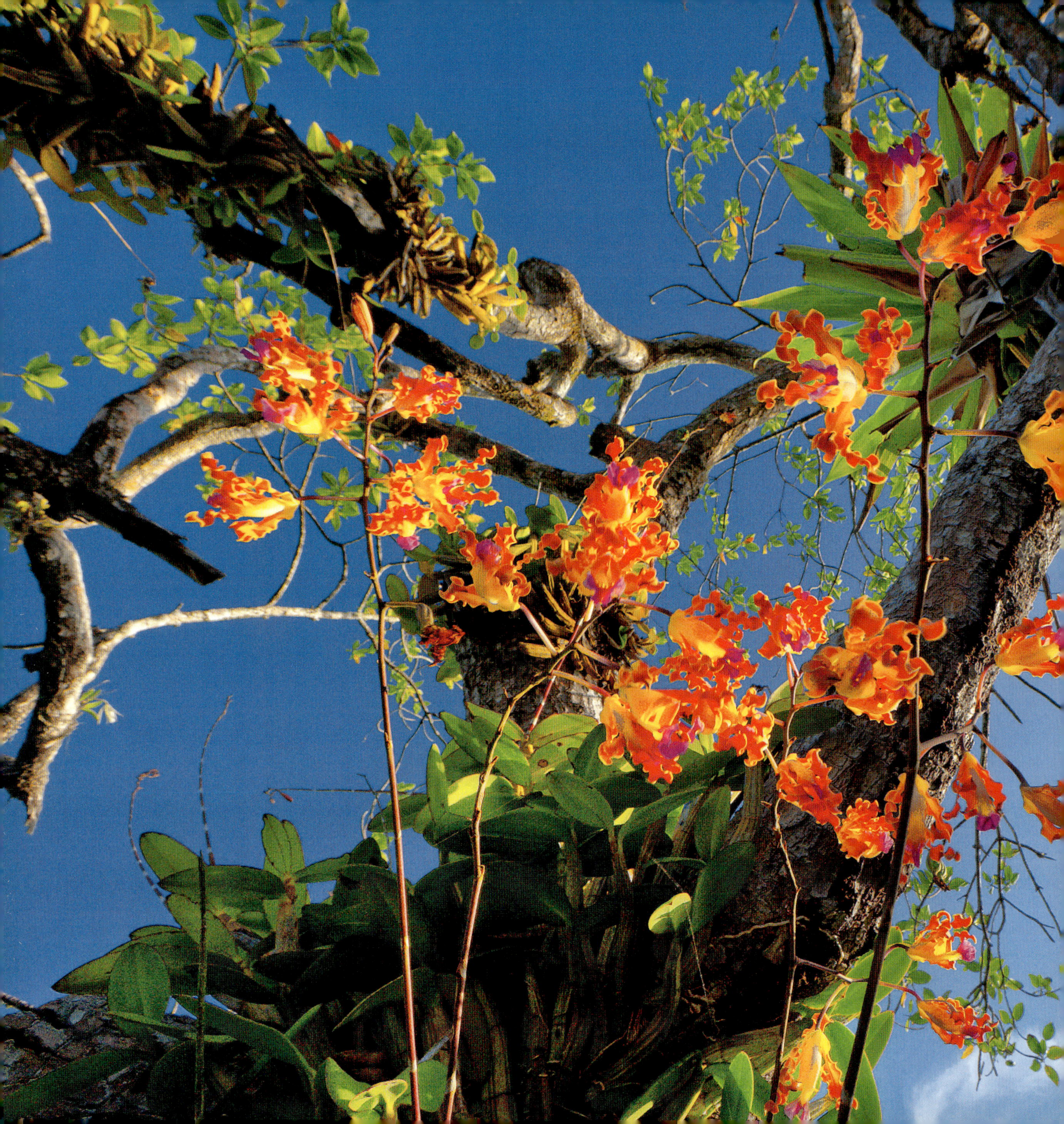

Links: *Blühende* Myrmecophila brysiana *auf Mangroven. Rio Platano, Honduras.*

Oben: Brassavola nodosa *verströmt während der ganzen Nacht ihren süßen Duft, um den Schwärmer anzulocken, der sie bestäubt. Süd-Belize.*

Extreme Tropenstandorte

An den Küsten der Karibik definieren Mangrovenwälder oft die Grenze zwischen Meer und Land. Der hohe Salzgehalt, die starke Sonneneinstrahlung und das begrenzte Frischwasserangebot eines solchen Standorts stellen für Orchideen eine große Herausforderung dar. Dennoch haben manche epiphytische Orchideen diesen speziellen Lebensraum erobert; sie können dort in recht großer Zahl auftreten.

Oben: *In greifbarer Höhe neigt eine* Encyclia alata *ihre Blütenrispe von einem Baum herab. Rio Platano, Honduras.*

Rechts: *Dieser Mangrovenwald im südlichen Belize muss einer Feriensiedlung weichen. Weltweit werden die Bestände dieser wichtigen Waldgemeinschaft mit besorgniserregender Geschwindigkeit vernichtet, um Platz für Shrimps-Zuchten und Touristen zu machen.*

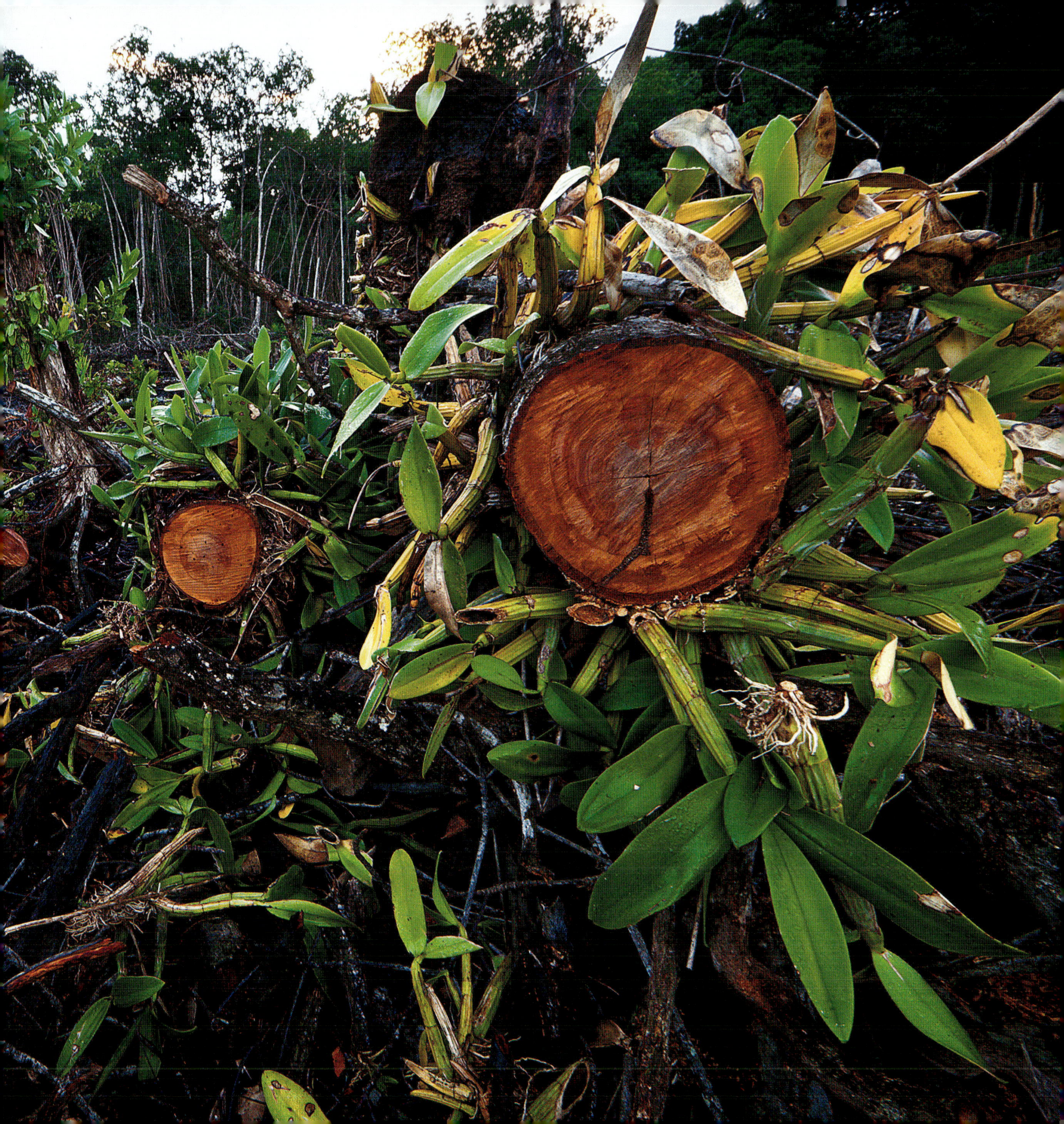

Oben: *Ein Trockenrasen auf einem verwitterten Lavastrom ist reich mit* Epidendrum radicans *durchsetzt.*

Rechts: *Nicht länger als drei Tage währt an diesem Standort die Blüte der* Sobralia-*Orchideen; so ist die Fremdbestäubung garantiert.*

Beide im Nationalpark Volcán Barú, West-Panama.

Leben auf dem Karst

Karstlandschaften stellen sämtliche Pflanzen vor Probleme. Ihre auf Kalkstein oder alten Lavaströmen gründende, an Schweizer Käse erinnernde Bodenstruktur ist derart durchlässig, dass Regenwasser versickert, anstatt aufgenommen zu werden. Die an Trockenheit angepassten Orchideen sind für solche Umstände wie geschaffen und gedeihen daher gut auf Karstrasen.

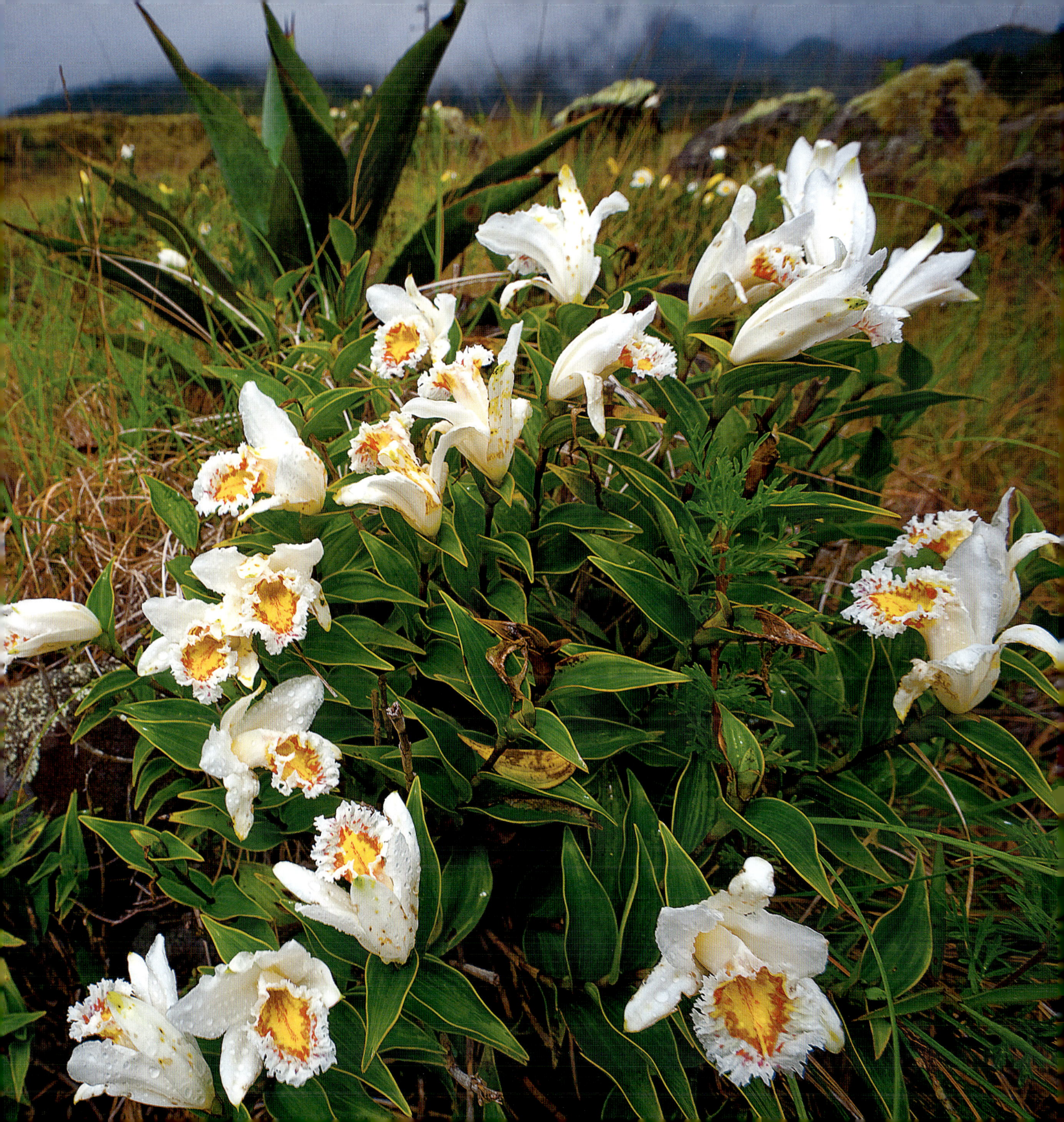

Oben: *Die Schmetterlings-Hundswurz* Anacamptis papilionacea *zwischen den dichten Halbsträuchern der Macchia.*

Rechts: *Nährstoffarmer Boden kann die Spiegel-Ragwurz* Ophrys speculum *nicht davon abhalten, auf Kalksteinklippen üppig zu gedeihen. Ihre Blüten verströmen das nachgeahmte Pheromon einer bestimmten weiblichen Biene und imitieren deren Gestalt – ein Trick, um den Bestäuber der Orchidee, die zugehörige männliche Biene, anzulocken.*

Beide auf Sardinien.

Lebensraum Macchia

Manche mediterranen Gebiete Südeuropas sind im Winter unablässigem Regen und im Sommer nicht nachlassender Hitze ausgesetzt; diesen für Pflanzen schwierigen Lebensraum bezeichnen wir als Macchia. Diese zeichnet sich durch kargen, oft kalkreichen Boden sowie Wassermangel aus – ideale Bedingungen für eine beeindruckende Zahl von Orchideenarten.

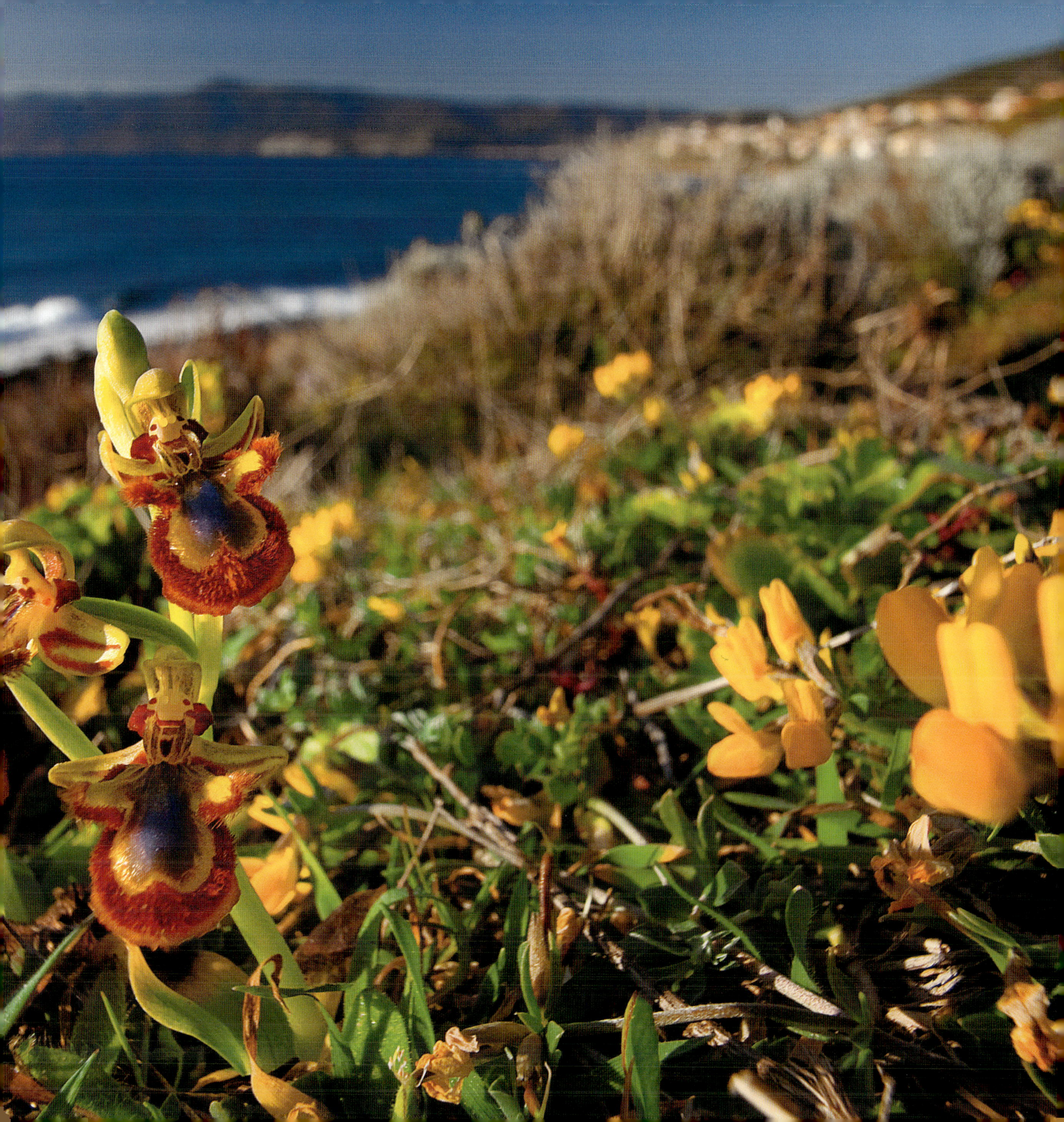

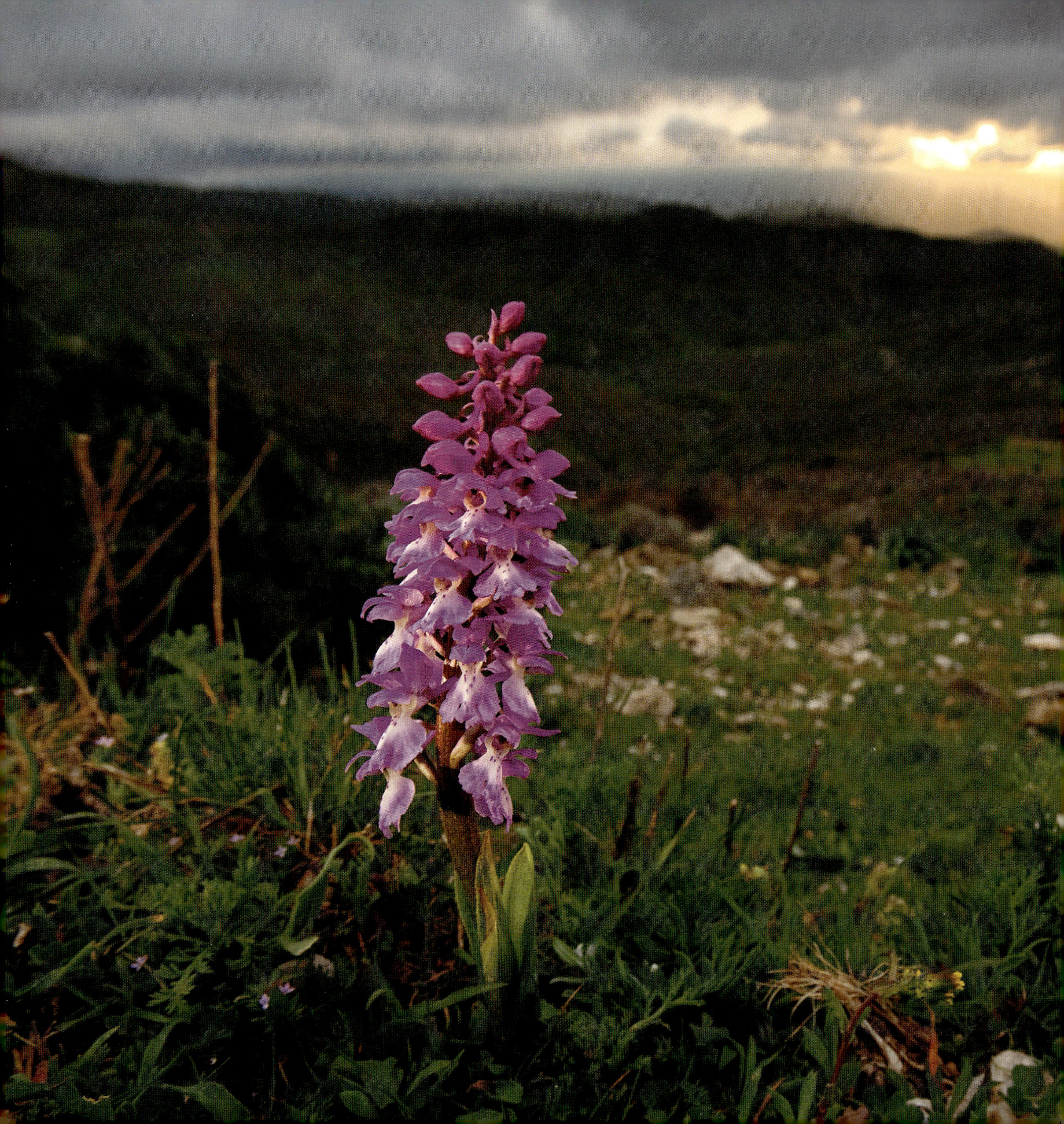

Links: *Das in Europa weit verbreitete Manns-Knabenkraut* Orchis mascula *zählt zu den Nektartäuschblumen. Mit seiner Ähnlichkeit zu nektarreichen Blumen zieht es naive Bienen an, denen es seinen Pollen zum Transport übergibt.*

Oben: *Die Schmetterlings-Hundswurz* Anacamptis papilionacea *in Blüte am Straßenrand.*

Beide auf Sardinien.

EIN ENTWICKLUNGSROMAN

Oben: *Breitblättrige Ständelwurz* Epipactis helleborine *in einem Laubmischwald.*

Rechts: *In schattigen Waldlagen ist die Vogel-Nestwurz* Neottia nidus-avis *recht häufig anzutreffen. Diese Orchidee produziert kein Chlorophyll.*

Beide in Süddeutschland, Nähe Bodensee.

Gemäßigtes Europa

Die Flora Europas nördlich der Alpen ist weniger artenreich als andere Floren, da diese Region vor erdgeschichtlich kurzer Zeit noch vergletschert war. Dennoch konnten einige Orchideenarten auf nährstoffarmen Böden und in Kalkwäldern Fuß fassen.

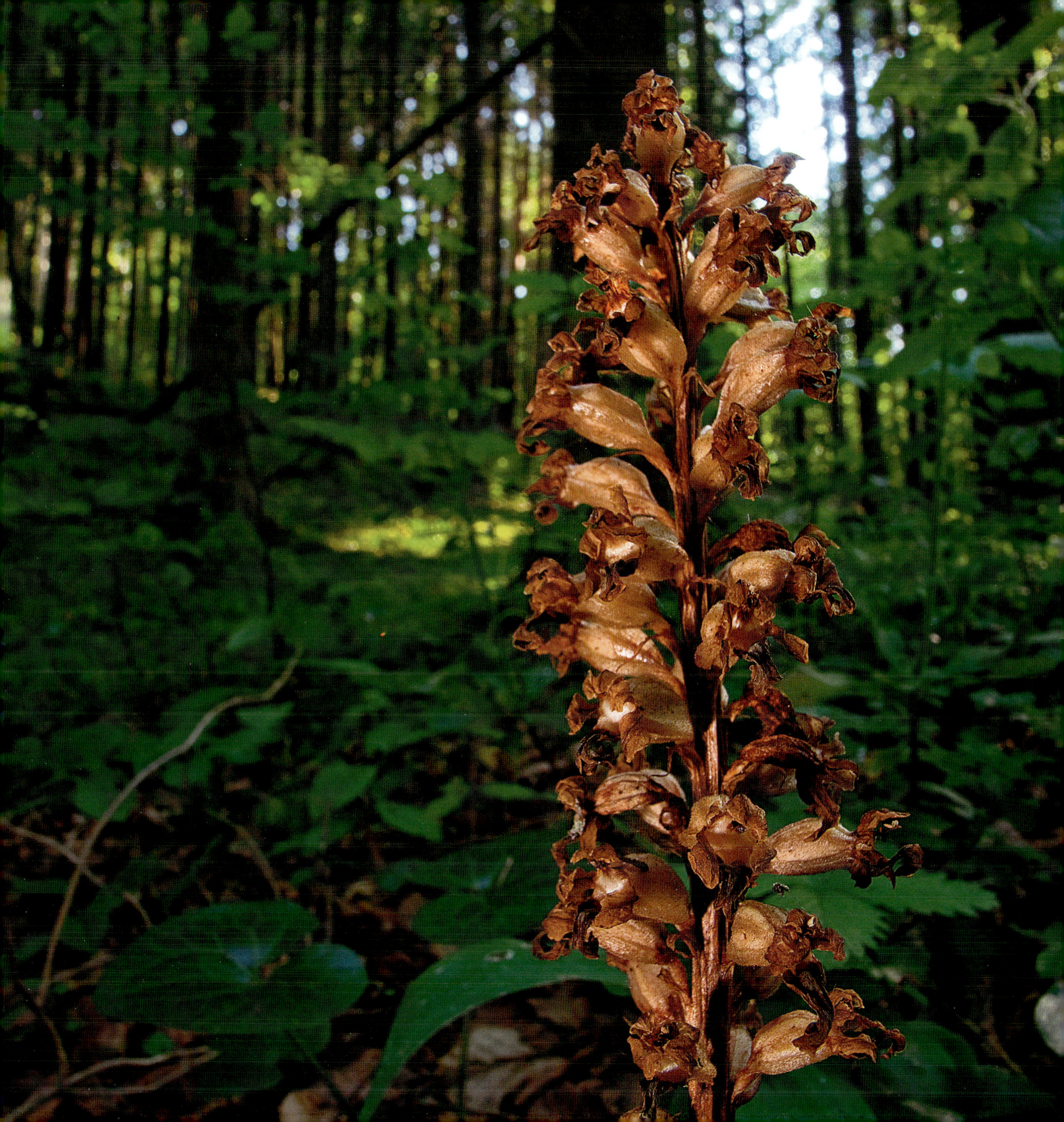

Oben: *Auf den Bergwiesen dieser Alpenhänge ist auch die Mücken-Händelwurz* Gymnadenia conopsea *anzutreffen.*

Rechts: *An den Hängen des Säntis blüht das Gefleckte Knabenkraut* Dactylorhiza maculata *in großer Zahl. Der Orchideenreichtum ist charakteristisch für Bergwiesen.*

Beide am Säntis, Appenzeller Alpen, nordöstliche Schweiz.

Bergwiesen

Die Alpen beherbergen vielfältige Orchideenarten. Etliche davon besiedeln die hochgelegenen Bergwiesen, oft deutlich oberhalb der Baumgrenze. Die hier vorherrschenden unwirtlichen Bedingungen – karger Boden, begrenzte Wassermenge, starke Sonneneinstrahlung – kommen den Orchideen entgegen.

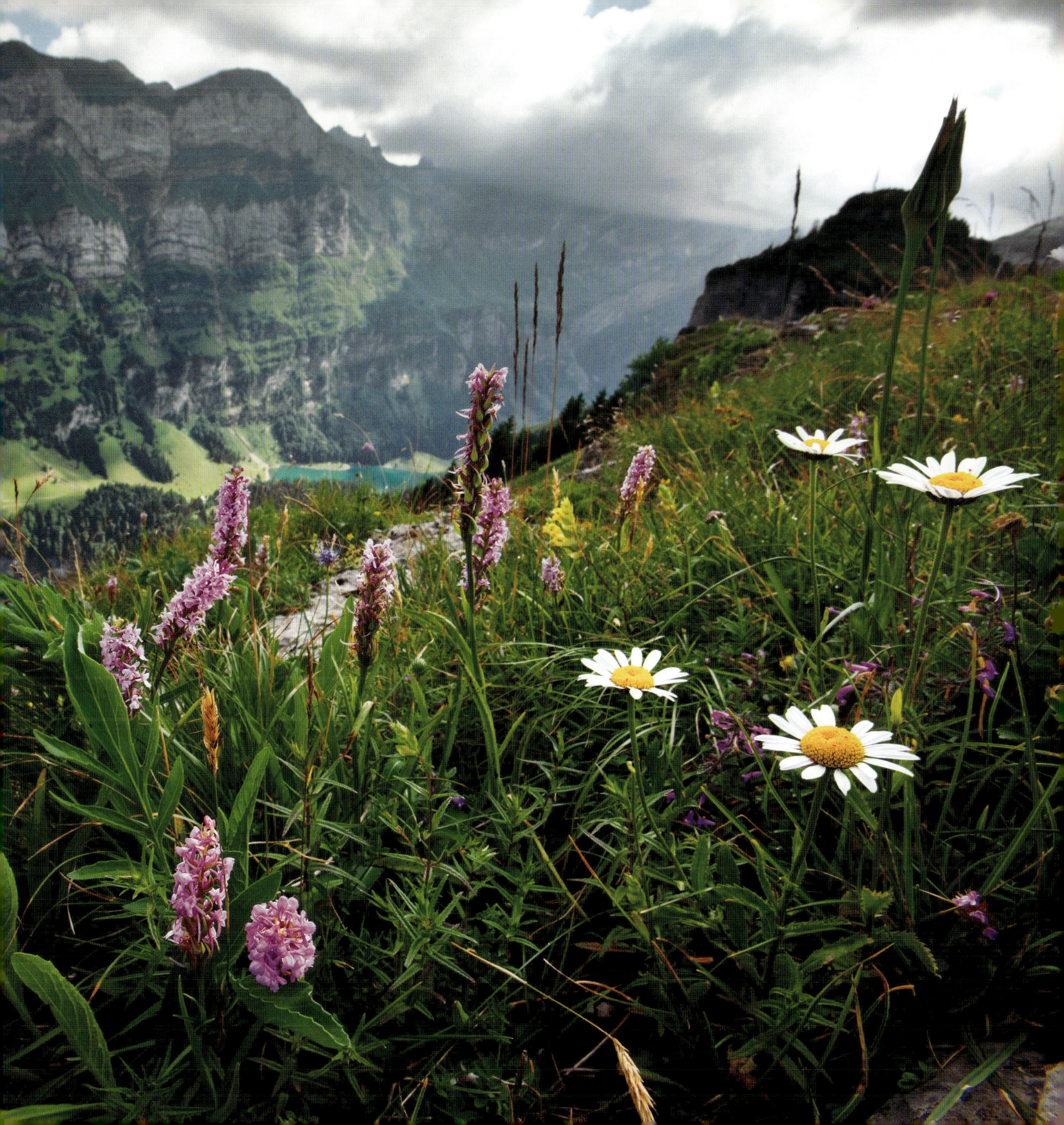

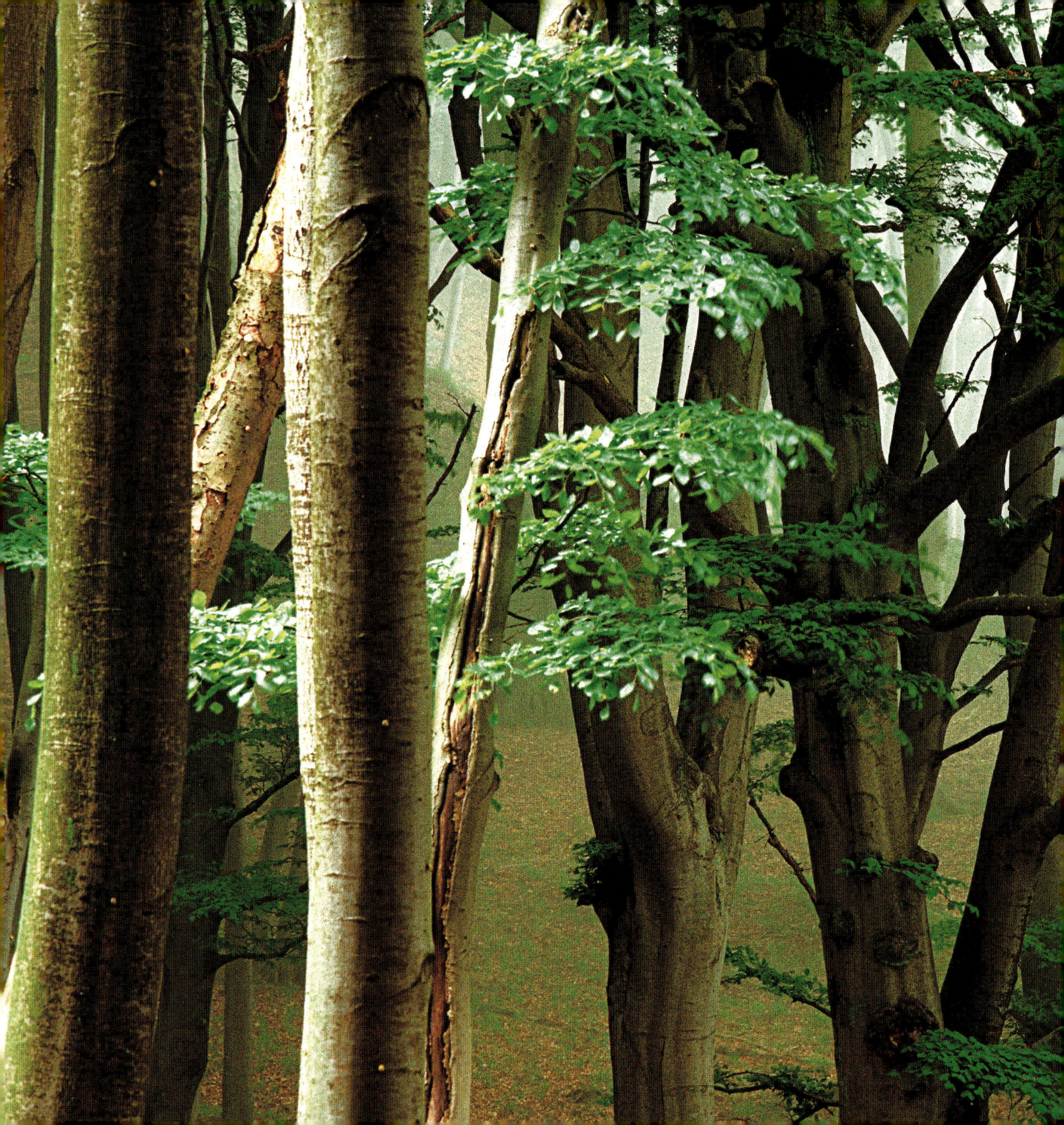

Links: *Im ursprünglichen Buchenwald auf der Ostseeinsel Rügen ist eine ganze Reihe von Erdorchideen beheimatet.*

Oben: *Die Vogel-Nestwurz* Neottia nidus-avis *ist eine Orchidee, die keine Photosynthese betreibt. Sie erhält ihre Nährstoffe durch symbiontische Pilze und als Schmarotzer an Blattpflanzen. Nationalpark Jasmund, Rügen.*

Wälder der kühlgemäßigten Zone

Nordeuropa ist ein Lebensraum, der sich durch eine relativ geringe Artenzahl auszeichnet. Gerade einmal zwölftausend Jahre sind vergangen, seit diese Region von Gletschern bedeckt war, und so befinden sich ihre Ökosysteme noch immer in der Entwicklung. Dennoch hat bereits eine recht beträchtliche Anzahl von Orchideenarten die jungen, noch in der Entwicklung befindlichen Wälder besiedelt.

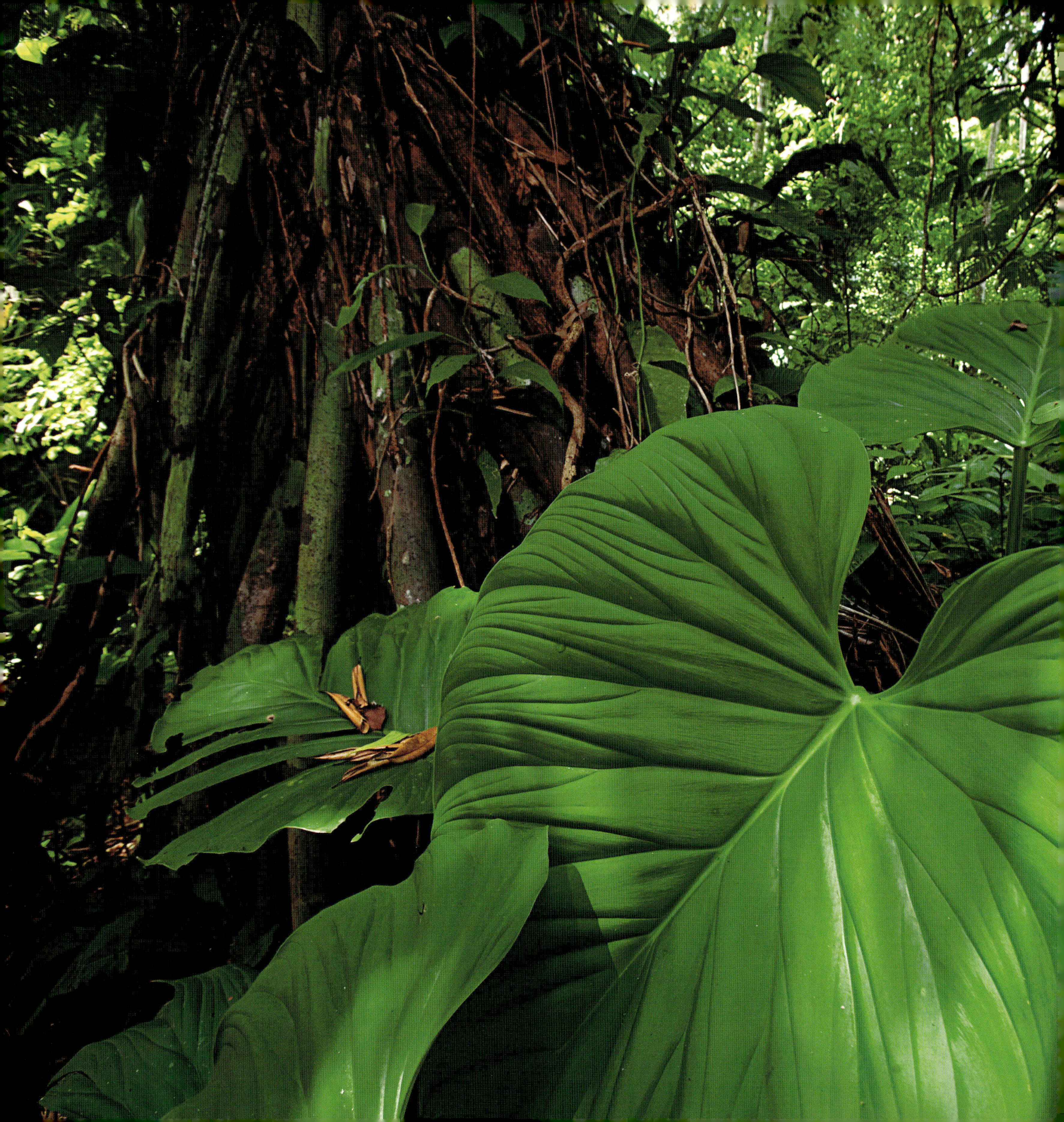

Links: *Ein Philodendron mit gewaltigen Blättern gedeiht bestens in den schattigen Bedingungen am Boden des Tiefland-Regenwaldes, ebenfalls ein bedeutender Lebensraum für Orchideen. Bocas del Toro, Panama.*

Oben: *Rodriguezia lanceolata ist eine typische Vertreterin der Orchideenarten, welche die feuchten Tieflandwälder Zentralamerikas besiedeln. Barro Colorado Island, Zentral-Panama.*

Tropenwälder des Tieflands

Die tropischen Tiefland-Regenwälder Zentralamerikas und Borneos sind durch reichlichen Regenfall (mindestens 100 mm pro Monat) und eine extrem hohe Biomasse charakterisiert. Da kaum Licht auf den Waldboden dringt, leben die Orchideen überwiegend als Epiphyten in der Wipfelregion, die bis zu sechzig Meter hoch aufragt und eine Fülle ökologischer Mikronischen bietet. Hier oben gibt es Licht im Überfluss; Mangelware hingegen sind Nährstoffe und bisweilen auch Wasser.

EIN ENTWICKLUNGSROMAN

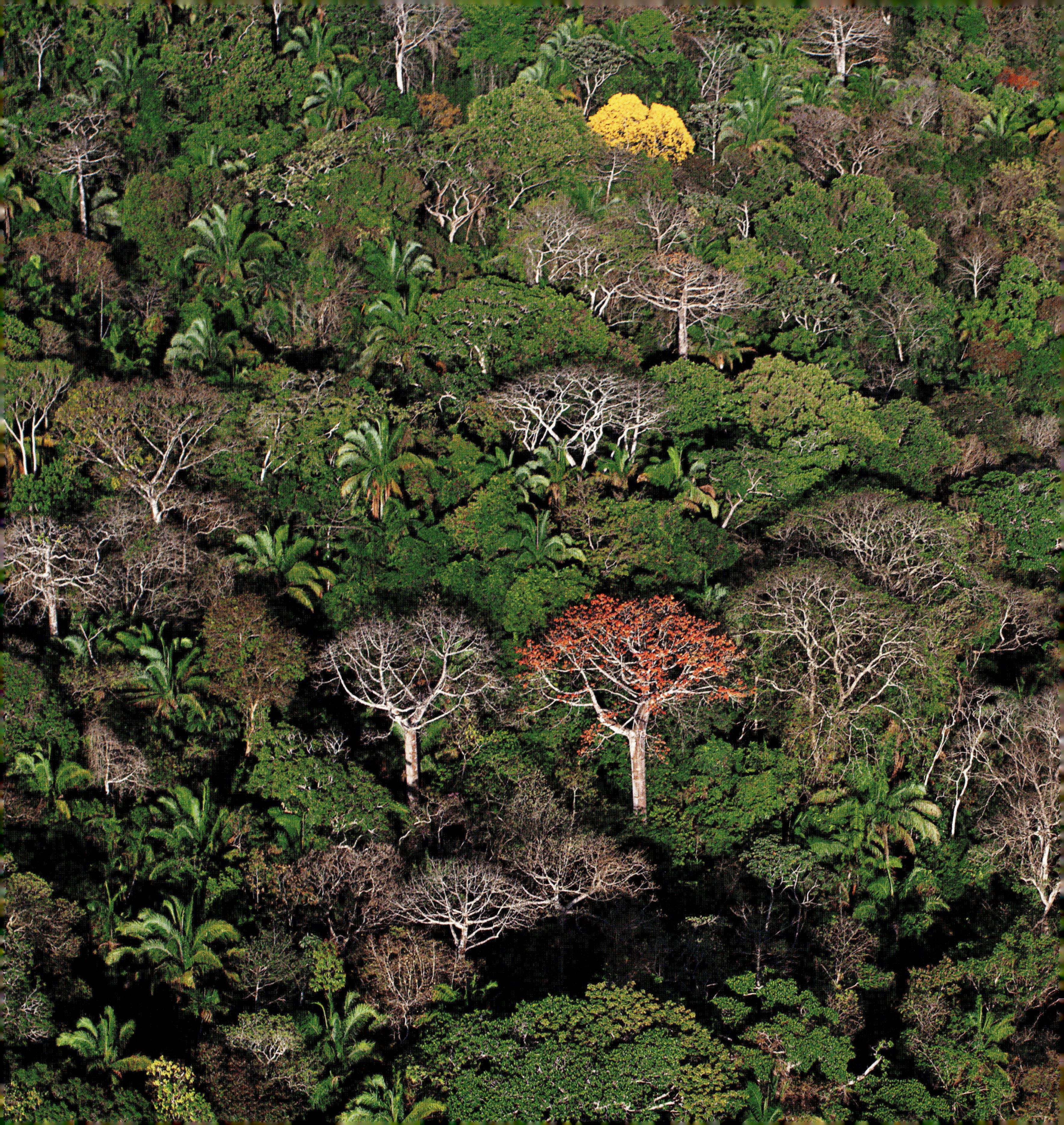

Links: *Dieser tropische Tieflandwald im Nationalpark Soberanía beherbergt eine weit gespannte Palette überwiegend epiphytisch lebender Orchideen.*

Oben: *Noch vor zwanzig Jahren waren diese Hügelketten von orchideenreichem Regenwald bedeckt. Doch in den vergangenen Jahrzehnten wurden in ganz Lateinamerika gewaltige Waldflächen zugunsten der Weidewirtschaft zerstört. Eine häufige Folge ist die Bodenverarmung.*

Beides in Zentral-Panama.

EIN ENTWICKLUNGSROMAN

Die Nationalblume von Belize ist Prosthechea cochleata, *ein Epiphyt. Der weitaus größte Teil der tropischen Orchideenarten lebt als Aufsitzer in der Wipfelregion der Regenwälder.*

Epidendrum nocturnum *wächst so hoch über dem Boden, dass man ihm nur mit einem hohen Kran nahekommen kann. Den Kran, von dem aus diese Aufnahme gemacht wurde, betreibt das Smithsonian Tropical Research Institute.*

Beide im Nationalpark San Lorenzo an der Karibikküste Panamas.

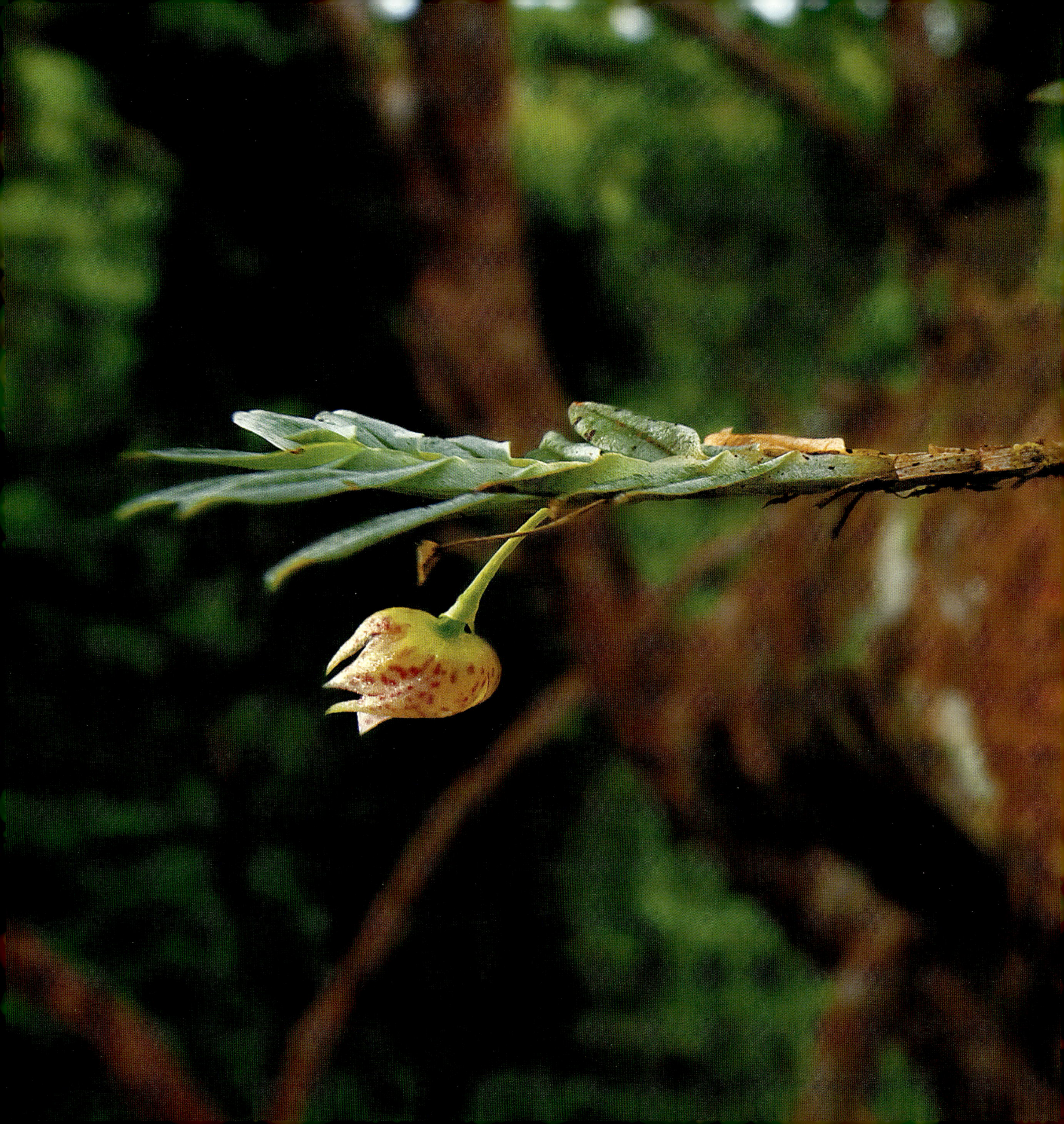

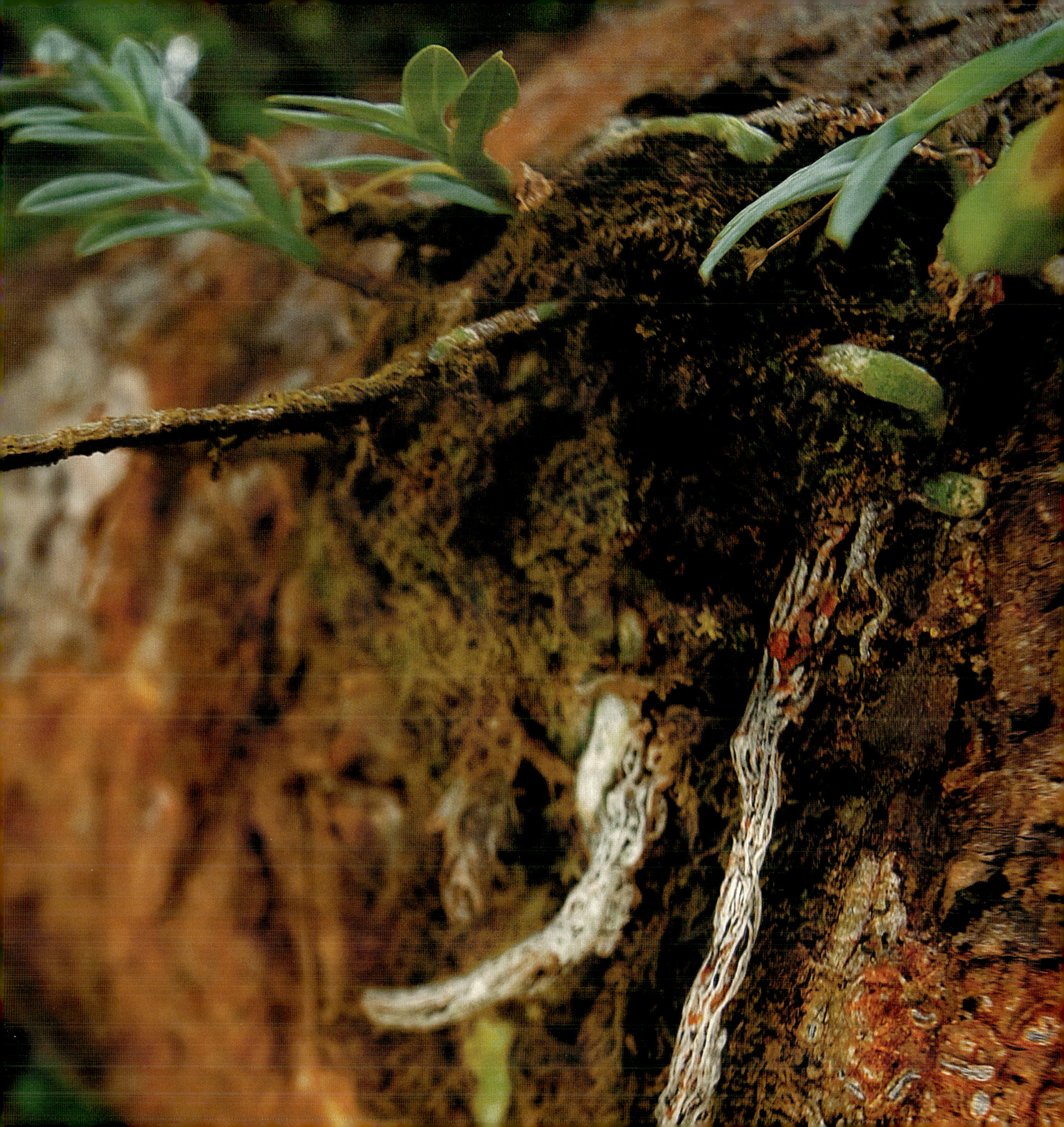

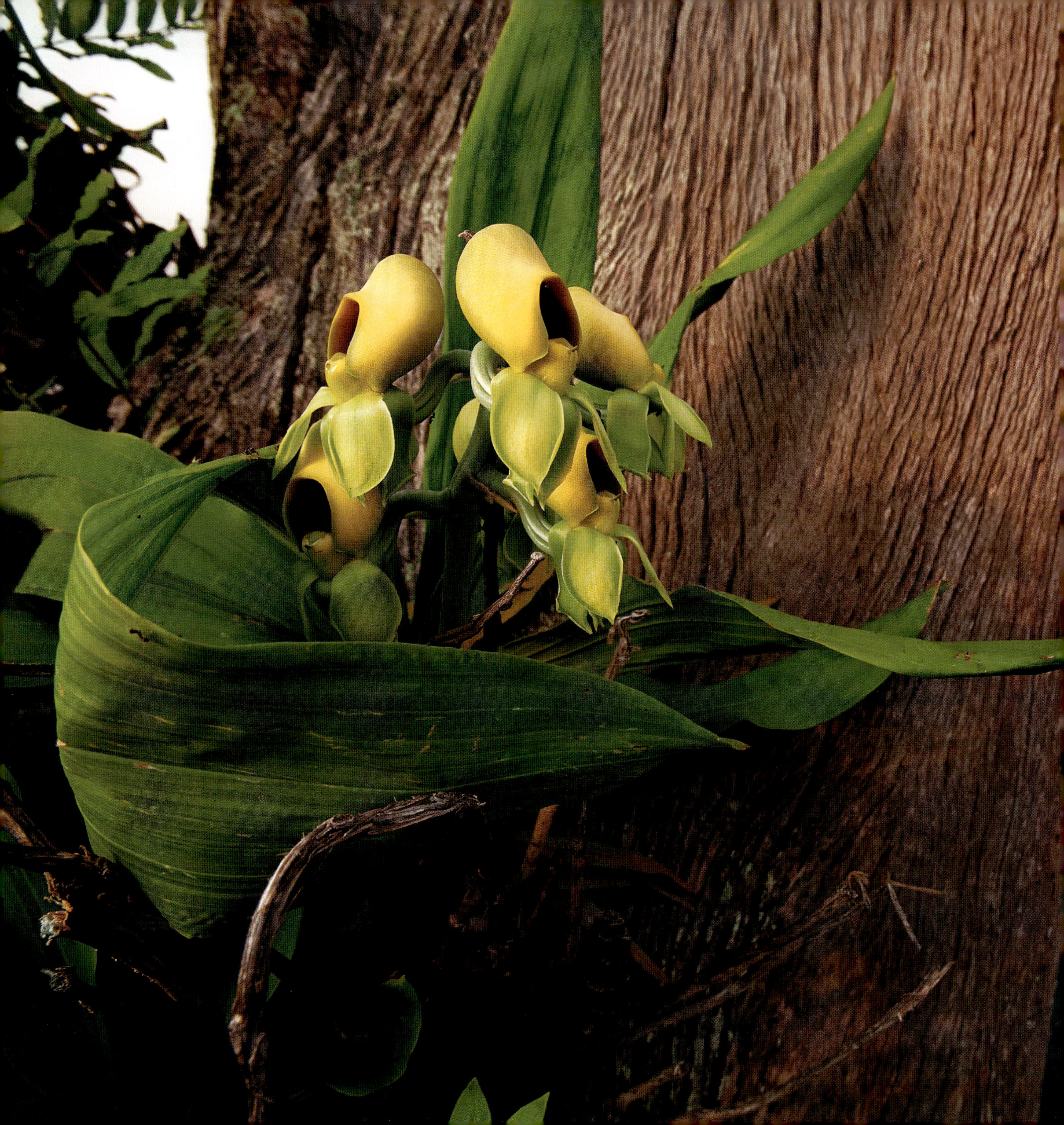

Vorhergehende Doppelseite: *Eine winzige epiphytische Orchidee der Gattung* Dichaea *fand an einem gewaltigen Ast in gut 35 Metern Höhe Halt. Nationalpark San Lorenzo an der Karibikküste Panamas.*

Links: *Dieses weibliche* Catasetum viridiflavum *blüht an einem toten Baumstamm. Nur wenige Orchideen sind zweihäusig. Gatúnsee, Zentral-Panama.*

Oben: *Weiter oben in den Wipfeln bieten auch die Blüten des männlichen* Catasetum viridiflavum *einen spektakulären Anblick. Die Blüten beider Geschlechter dieser Orchideenart sind darauf ausgelegt, ihren Bestäuber, die Prachtbiene, anzulocken. Barro Colorado Island, Zentral-Panama.*

EIN ENTWICKLUNGSROMAN 75

Oben: Masdevallia livingstoneana *in der Wipfelregion eines feuchten Tiefland-Regenwaldes. Nationalpark San Lorenzo, Panama.*

Rechts: Schomburgkia lueddemannii. *Zentral-Panama.*

EIN ENTWICKLUNGSROMAN 77

Oben: Bulbophyllum lobbii *(eine Zwiebelblatt-Art)*. Sabah, Malaysia, Borneo.

Rechts: *Der Tiefland-Regenwald, der einst diesen Teil von Sarawak mit dichtem Grün überzog, wurde komplett gerodet, um Platz für Palmöl-Plantagen zu machen. Durch massiven Kahlschlag wurden die reichen Regenwälder Borneos in den vergangenen dreißig Jahren auf einen Bruchteil ihrer ursprünglichen Ausdehnung reduziert. Man nimmt an, dass etliche Orchideenarten dadurch unwiederbringlich verloren gegangen sind. Sarawak, Malaysia, Borneo.*

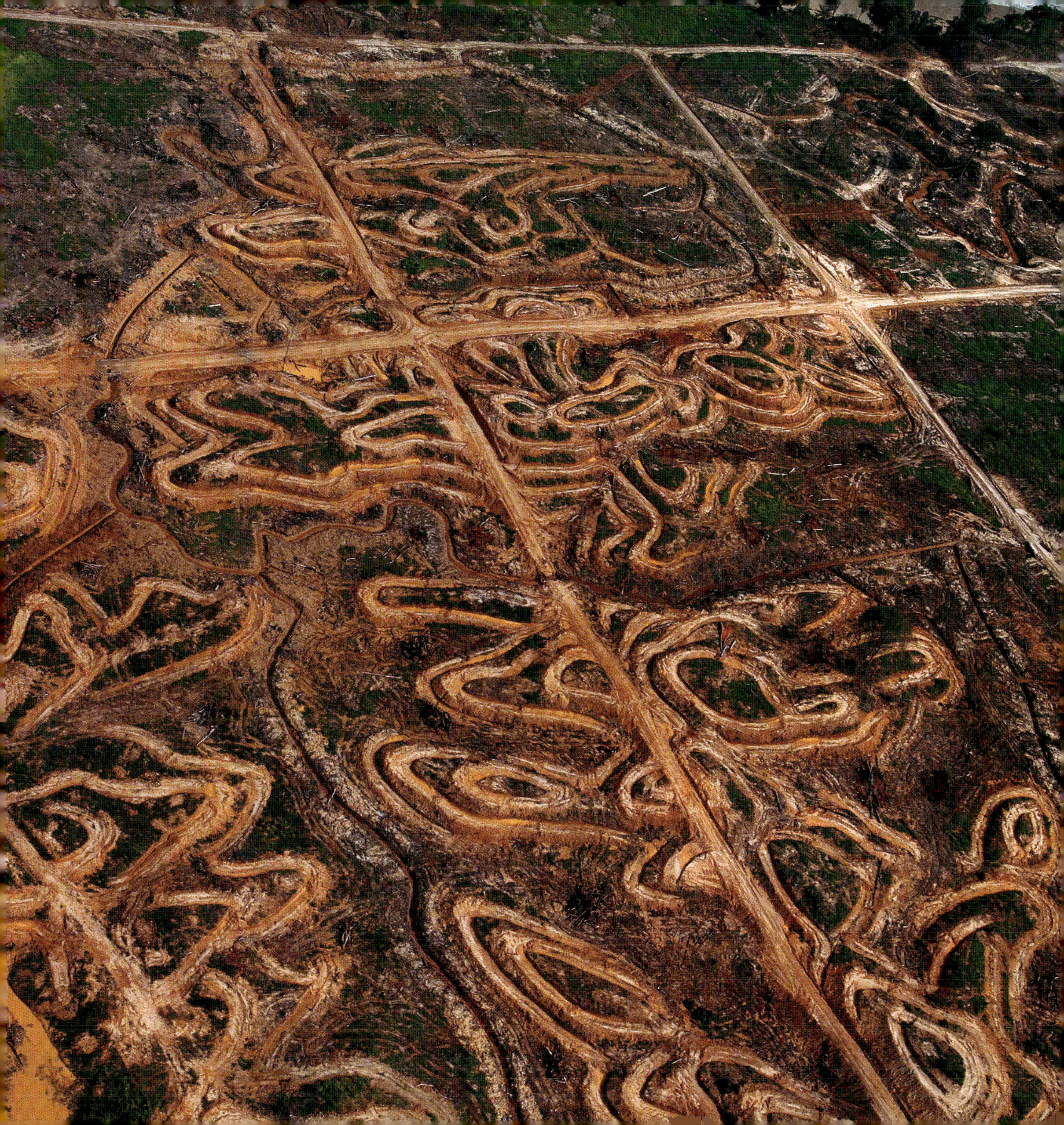

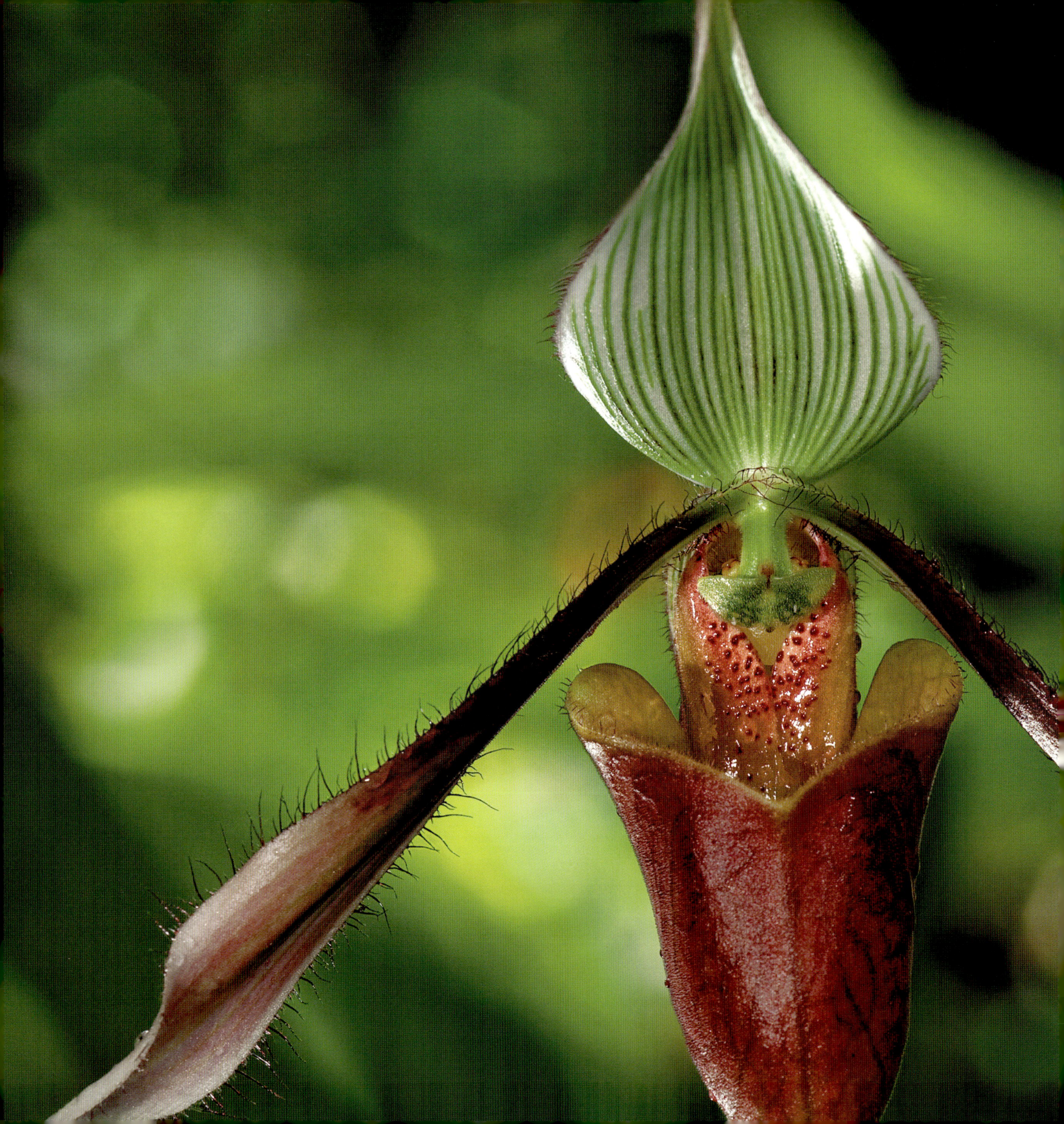

Links: *Ein* Paphiopedilum *(Frauenschuh).*

Oben: Bulbophyllum longiflorum *(eine Zwiebelblatt-Art).*

Beide in Poring Hot Springs, Sabah, Malaysia, Borneo.

Oben und rechts: Disa crassicornis *wächst und blüht auf Mooskissen im Baumheide-Wald in rund dreitausend Metern Höhe. Ruwenzori-Gebirge, Uganda.*

Tropische Gebirgswälder

Die Gebirge von Uganda und Borneo beherbergen kälteverträgliche Orchideenarten, zum Teil in Höhen von über dreitausend Metern. Für ihr Gedeihen sind jene Eigenschaften verantwortlich, die die Orchideen auch in anderen schwierigen Lebensbereichen überleben lassen: ihre Fähigkeit, trotz hoher Sonneneinstrahlung, trotz Wasser- und Nährstoffmangels zu wachsen und zu blühen.

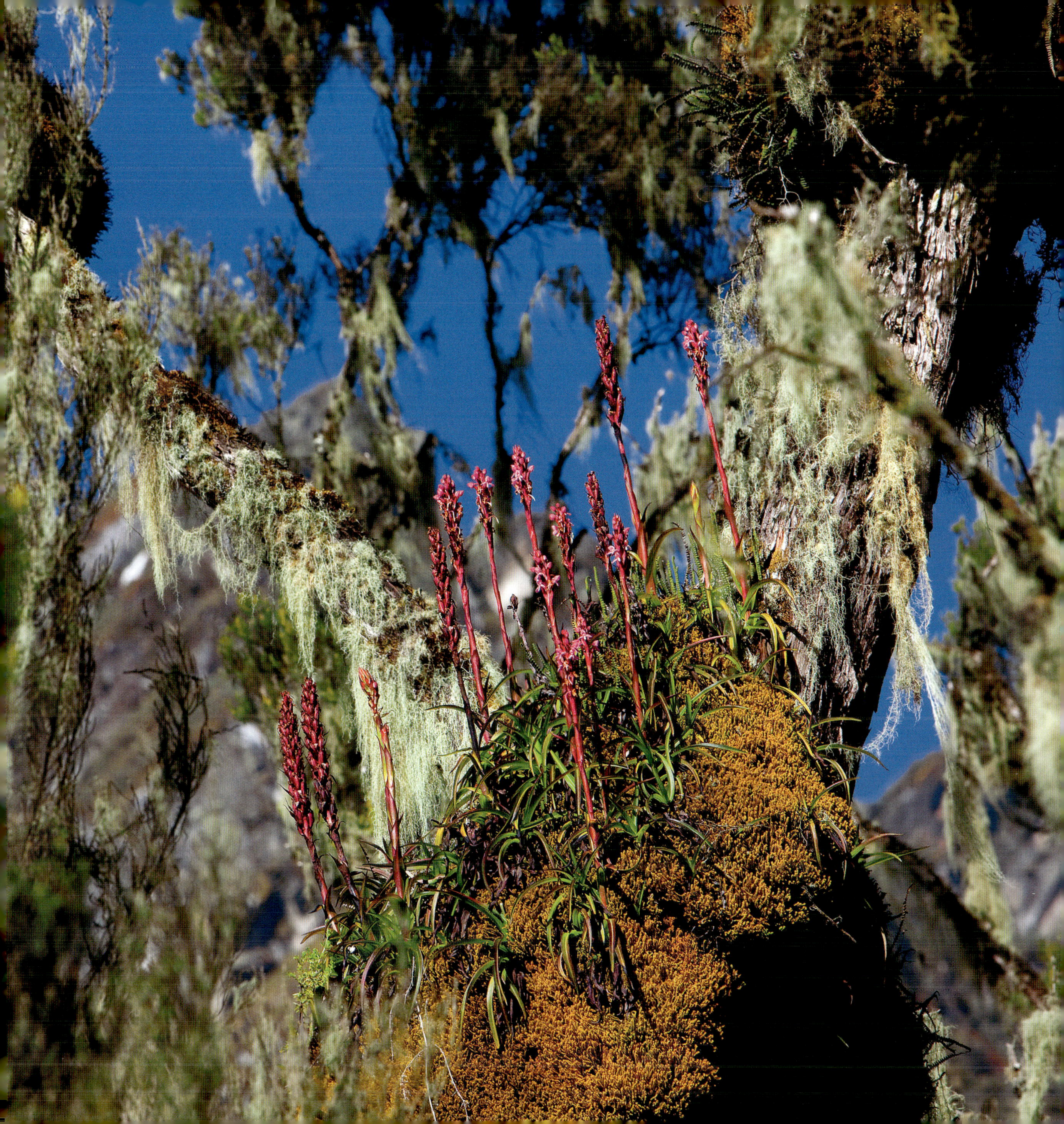

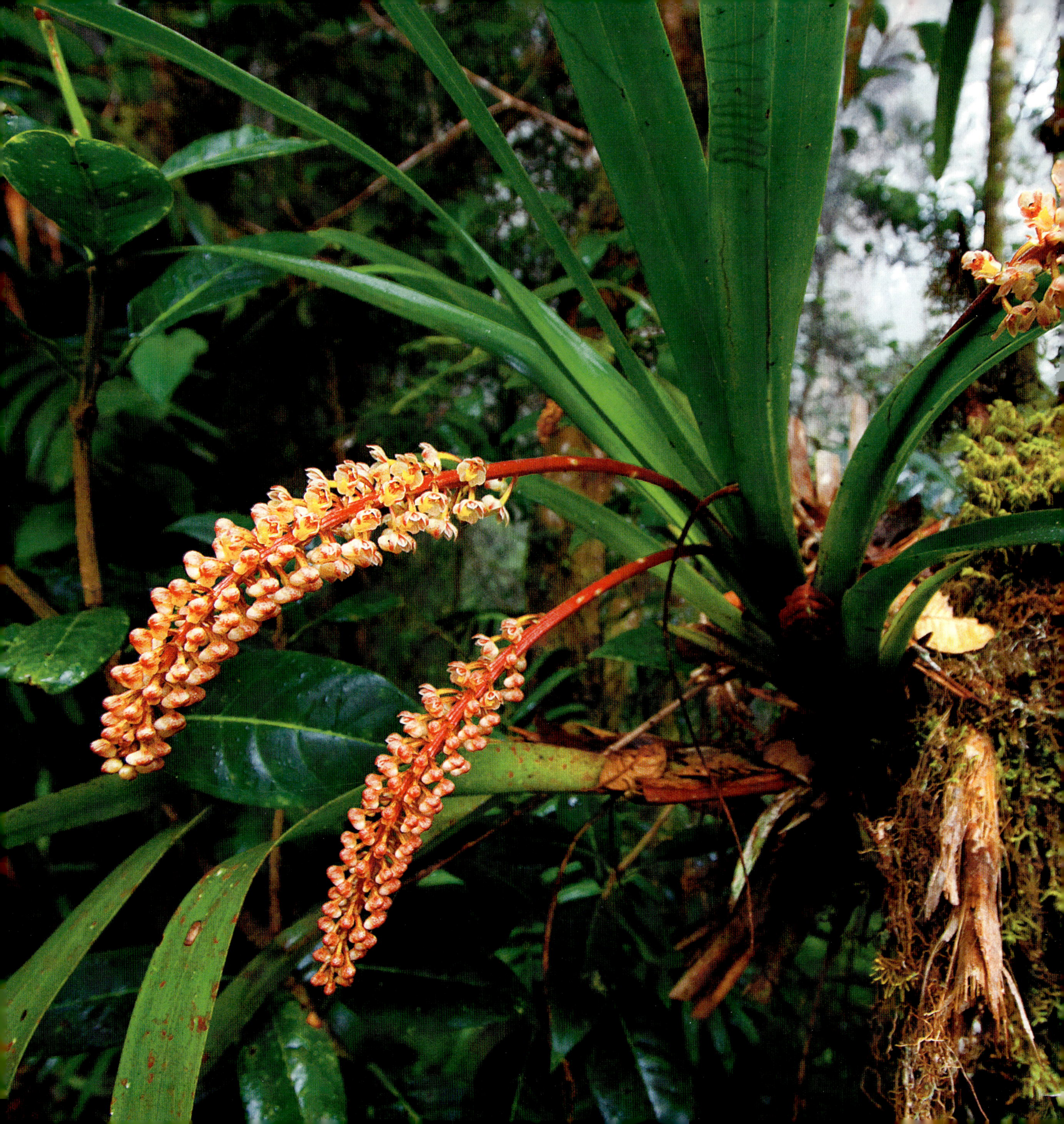

Links: *In einem Zwergwald in dreitausend Metern Höhe, der mit zahlreichen Orchideenarten gesegnet ist, präsentiert eine Orchidee der Gattung* Eria *ihre farbigen Blütenstände.*

Oben: *Blick auf das Blätterdach des Zwergwaldes.*

Beide am Mount Kinabalu, Sabah, Malaysia, Borneo.

Oben: Masdevallia caloptera *ist eine von Fliegen bestäubte Orchidee des Bergnebelwalds. Orchideenreservat Finca Drácula, West-Panama.*

Rechts: *Den Verwesungsgeruch, den* Masdevallia regina *verströmt, empfindet ihr Bestäuber, eine winzige Aasfliege, als herrlichen Duft. Cerro Punta, Panama.*

Tropischer Nebelwald

Idealer Lebensraum für Orchideen sind die tropischen Berg- und Nebelwälder; sie beherbergen die größte Variationsbreite dieser Pflanzen auf der Welt. Hohe Licht- und Regenmengen verbunden mit geringem Nährstoffangebot sind Bedingungen, unter denen Orchideen hervorragend gedeihen, und zwar vorzugsweise als Epiphyten.

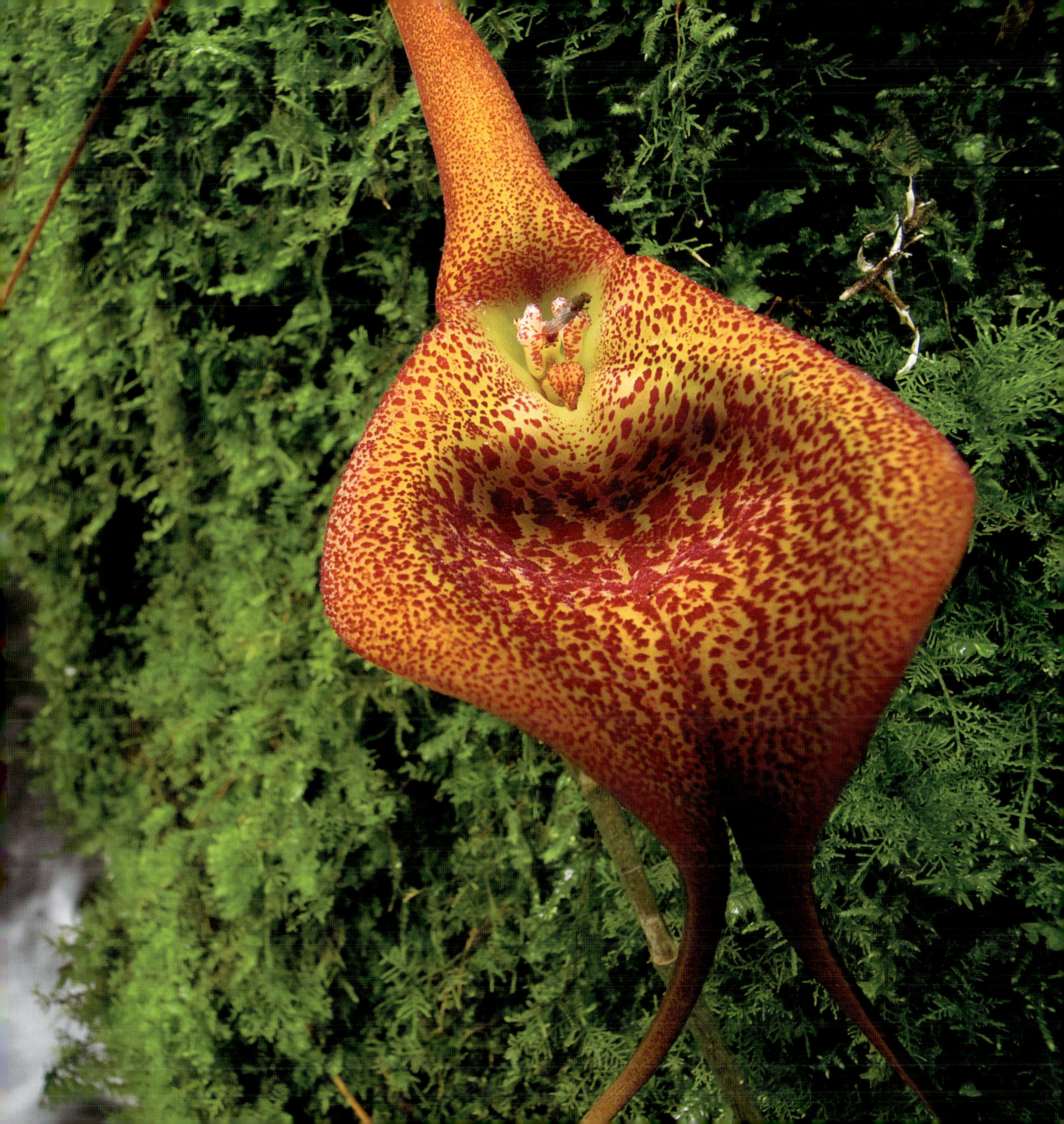

Stanhopea wardii *ist eine von Prachtbienen bestäubte Orchideenart, die ausschließlich im Hochland von Panama zu finden ist. Orchideenreservat Finca Drácula, West-Panama.*

Mittels Sexualtäuschung machen sich die nur rund zehn Millimeter großen Blüten dieser Lepanthes-*Art männliche Pilzmücken dienstbar. Orchideenreservat Finca Drácula, West-Panama.*

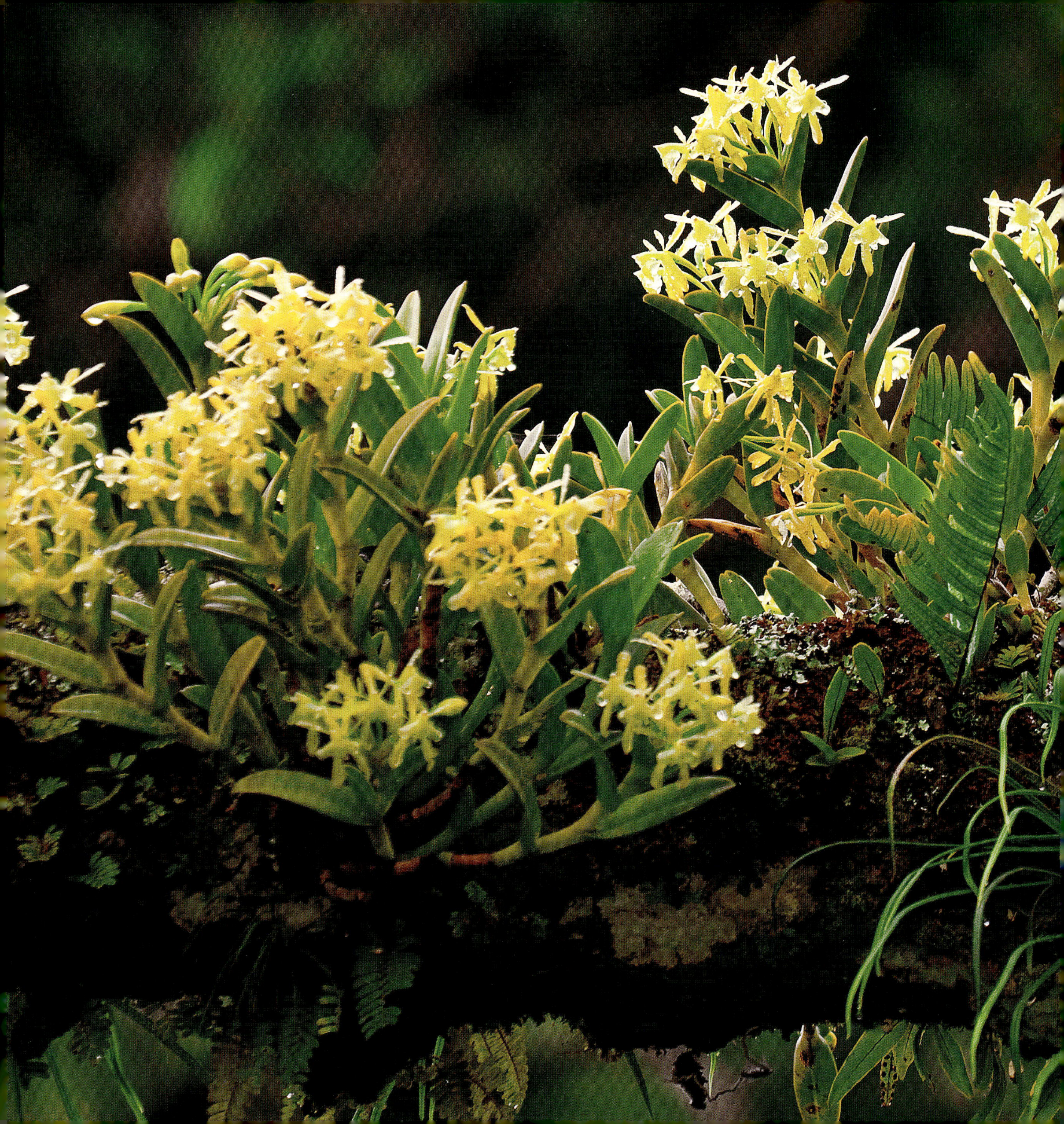

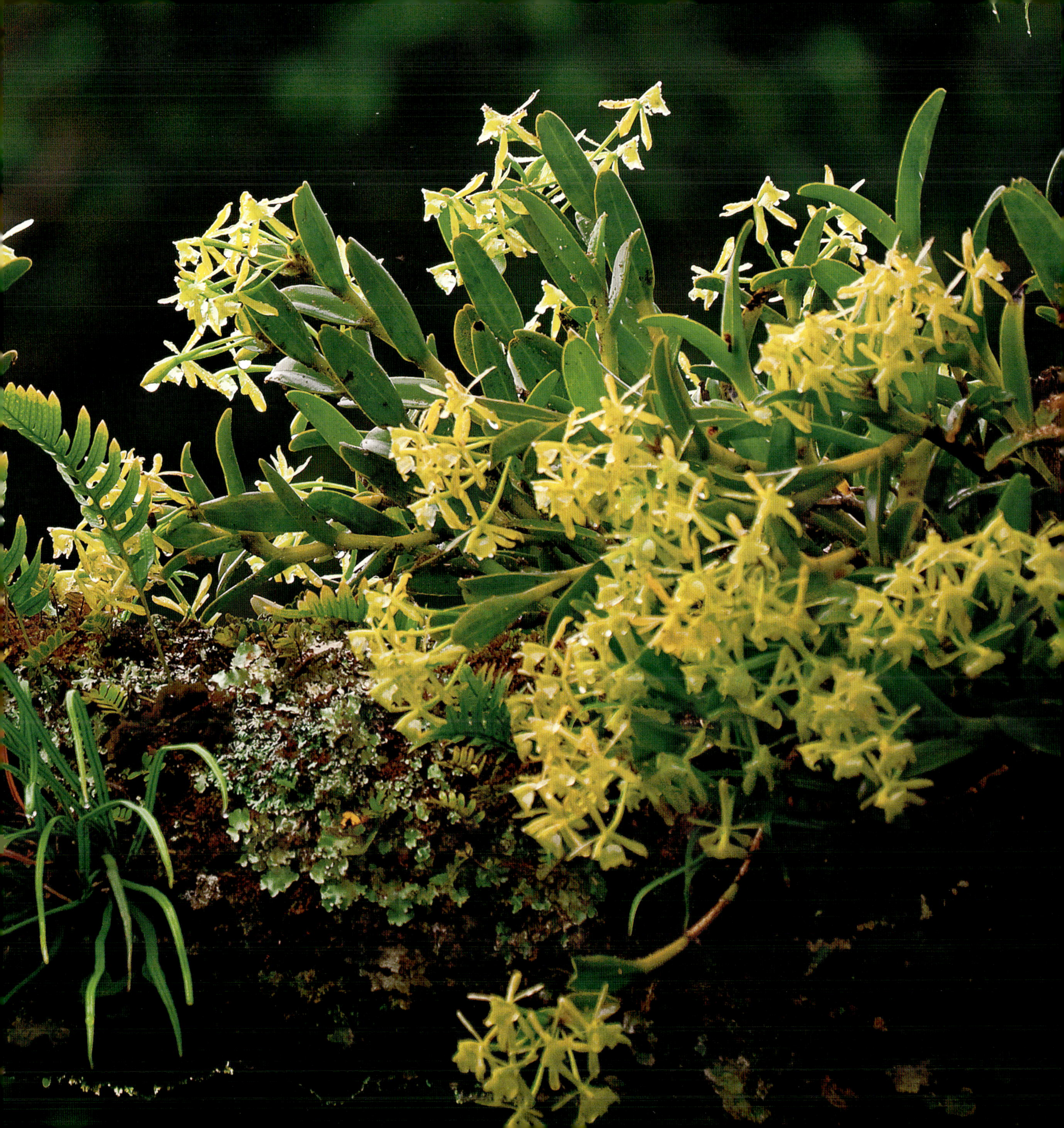

Vorhergehende Doppelseite: *Dicht an dicht hat ein Epidendrum einen dicken Ast hoch oben im Nebelwald besiedelt. Bei Cerro Punta, Panama.*

Links: *Eine Orchidee der Gattung* Masdevallia, *ebenfalls ein Nebelwald-Bewohner. Orchideenreservat Finca Drácula, West-Panama.*

Oben: *Zu Füßen gewaltiger Roteichen blüht* Ticoglossum oestedii. *Nationalpark La Amistad, West-Panama.*

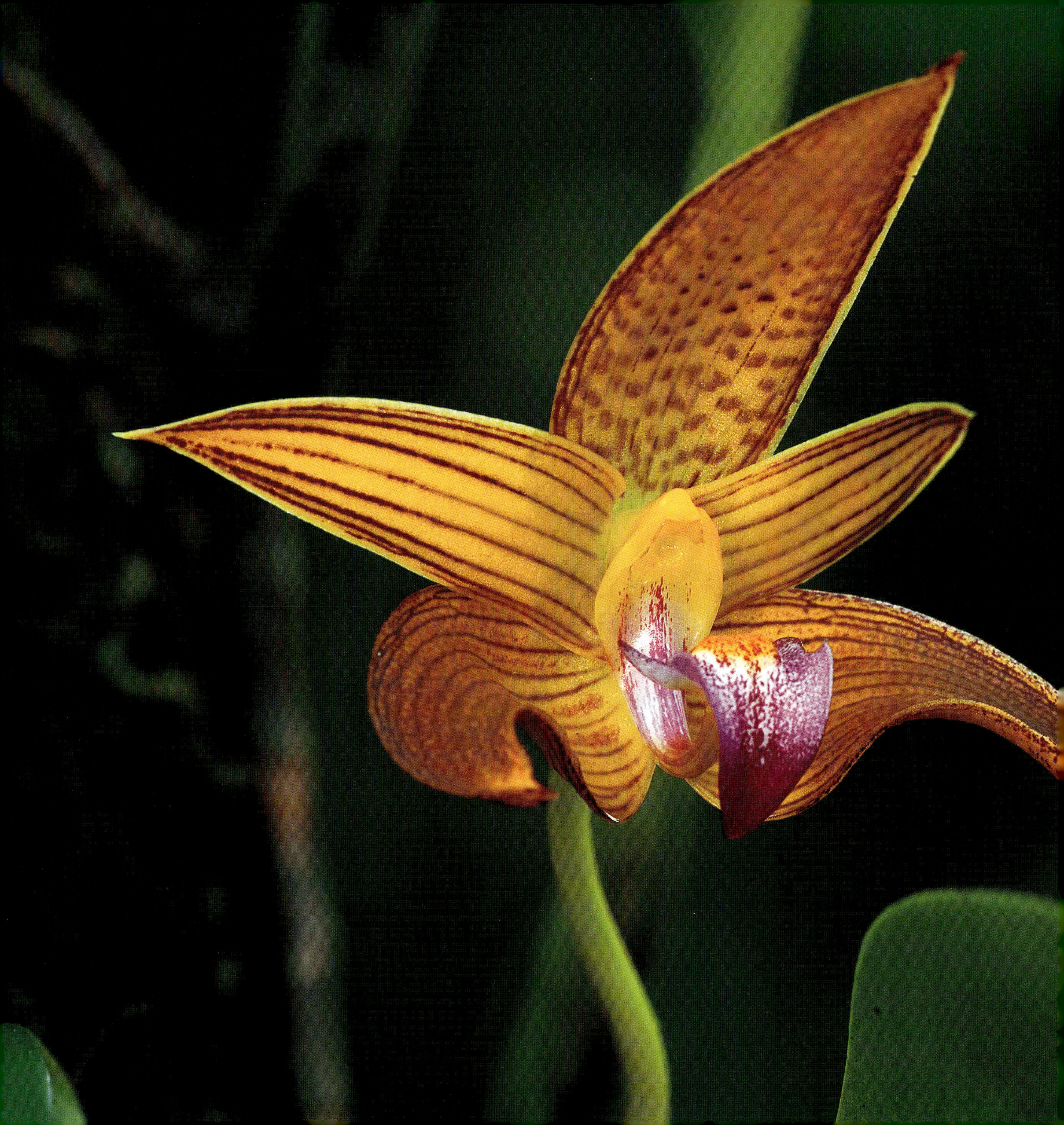

Kapitel 2

ARTENREICHTUM

Bei aller Seltenheit der Orchidaceae in der Natur weist diese Familie mit 25 000 wilden Arten eine spektakuläre Vielfalt auf – doppelt so viele Arten wie die Vögel dieser Welt und viermal so viele wie die Säugetiere. Diese Variationsbreite findet vor allem in ihren „schönen Einrichtungen" Ausdruck, wie Darwin es formulierte – den entrückenden Farben und sinnlichen Formen, die Orchideen so unwiderstehlich machen.

Bulbophyllum lobbii, eine Zwiebelblatt-Art. Poring Hot Springs, Sabah, Malaysia, Borneo.

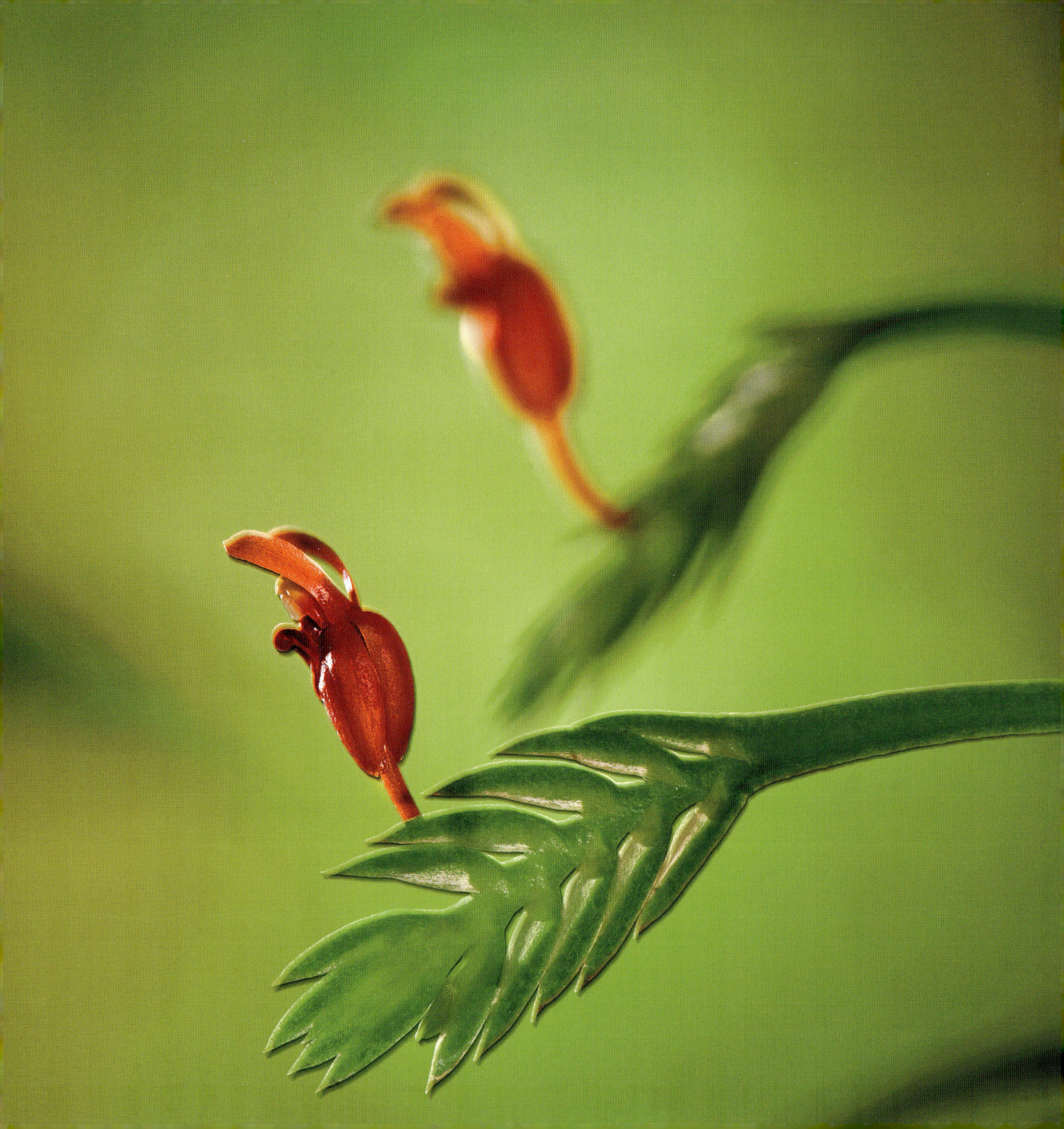

DER WEITE BOGEN DER EVOLUTION

Der überwältigende Artenreichtum der Orchidaceae, die sich in 725 Gattungen mit schätzungsweise 25 000 Arten untergliedern, hat im Pflanzenreich nicht seinesgleichen. Alljährlich werden etwa zweihundert überwiegend tropische neue Orchideen beschrieben. Es ist nicht ungewöhnlich, in der Krone eines einzigen Urwaldriesen fünfzig oder mehr verschiedene Arten zu zählen und hundert oder mehr in einem einzigen Hektar Wald. Beeindruckend ist die Formenvielfalt dieser Spezies. Robert Dressler, eine Autorität von Weltrang auf dem Gebiet der Orchideen, beschreibt die Bandbreite der Blütengestalten: Sie reiche von solchen, die „etwas seltsamen Lilien" gleichen, bis hin zu „Bauweisen, die das Konzept der Blüte völlig übersteigen".

Und doch sind sämtlichen Orchideen gewisse Charakteristika und Grundmuster gemein: Jede Blüte besteht aus exakt drei Sepalen und drei Petalen, von denen eines grundsätzlich zu der sogenannten Lippe, dem Labellum, umgeformt ist. Dieses Labellum dient häufig als Landeplattform für Bestäuber – und wie wir im letzten Kapitel sehen werden, ist das Bestreben, Bestäuber anzulocken und ihnen gefällig zu sein, ein Hauptgrund für die Verschiedenartigkeit der Orchideenblüten. Von einigen wenigen sehr primitiven Arten abgesehen, steht bei allen Orchideen in der Mitte der Blüte eine Griffelsäule. Diese vereint sämtliche Fortpflanzungsorgane in sich – die männlichen Staubgefäße ebenso wie den weiblichen Stempel – und ist ein besonderes Kennzeichen der Orchidaceae; bei anderen Pflanzen findet sie sich nicht. Auch mit dem Blütenstaub gehen Orchideen auf besondere Weise um: Er ist nicht lose, wie sonst üblich, sondern zu Pollinien verklebt, die grundsätzlich in gerader Zahl vorhanden sind (zwei, vier, sechs, acht). Und schließlich sind Orchideenblüten grundsätzlich bilateralsymmetrisch (auch als zygomorph bezeichnet); der Unterschied zur radiärsymmetrischen Margerite oder Sonnenblume ist auf den ersten Blick erkennbar. Während die Radiärsymmetrie offenbar ziemlich beständig und nur schwer zu durchbrechen ist, scheint die bilaterale Symmetrie der Ausbildung mannigfacher Formen entgegenzukommen.

Liparis *sp. (Glanzständel-Art) Sabah, Malaysia, Borneo.*

Die nur fünf Millimeter große Leptoceras menziesii *ist eine echte Langzeitüberlebende: Möglicherweise existiert die Spezies bereits gute achtzig Millionen Jahre.*

Albany, Bundesstaat Western Australia, Australien.

DAS LEBEN ALS BAUMHOCKER – EINE FRAGE DES LIFESTYLES

Die gut siebzig Prozent der Orchideenarten, die in den Tropen ein Leben als Aufsitzer führen, variieren deutlich stärker als ihre erdgebundene Verwandtschaft. Ein Grund könnte darin zu finden sein, dass die gesamte besiedelbare Fläche der Kronenregion, mit anderen Worten die Summe der Oberflächen sämtlicher Äste und Zweige, wesentlich größer ist als die reine Bodenfläche. Jedem Quadratmeter Waldboden entsprechen mindestens zehn Quadratmeter Fläche in der Wipfelregion, die damit deutlich mehr Siedlungsraum zur Verfügung stellt. Auch ist der Lebensraum in den Baumwipfeln deutlich variabler, von bemoosten Plätzen am Baumstamm und auf dicken Ästen bin hin zu luftigen Freisitzen an wenige Millimeter dünnen Zweiglein. Dieser vielfältige Lebensraum bot wahrscheinlich weitaus mehr Möglichkeiten, sich zu spezialisieren – sogenannte ökologische Nischen, die immer wieder einen evolutionären Richtungswechsel sowie Verästelungen innerhalb der epiphytisch lebenden Orchideengruppen ermöglichten.

Charles Darwin zog in seinem 1862 veröffentlichten Buch über die Orchideen diese stark differenzierte Pflanzenfamilie heran, um die Bedeutung und Perfektion der natürlichen Auslese zu illustrieren. Die natürliche Selektion hat den Hauptanteil an der Entwicklung einer Art. Da eine Folgegeneration normalerweise mehr Nachkommen umfasst als nötig sind, um die Elternpflanzen zu ersetzen, stehen die Angehörigen jeder Generation miteinander im Wettstreit um ihren Platz im Lebensraum. In diesem Überlebenskampf spielt die genetische Variation eine Schlüsselrolle: Nur jene Individuen, deren genetische Ausstattung den vorhandenen Umweltbedingungen am besten entspricht, werden sich durchsetzen und vermehren. Auf diese Weise zeichnen Pflanzenarten anhand ihrer Weiterentwicklung Umweltveränderungen nach.

Darwin stellte die These auf, dass allein die Interaktion zwischen den Orchideen und ihren Bestäubern für die große Artenvielfalt unserer Tage verantwortlich sei – eine bis vor kurzem allgemein anerkannte Theorie. Doch eine breit angelegte Studie aus dem Jahr 2006, die eine Vielzahl ökologischer Daten von über zweihundert weltweit verteilten Arten unter neuen Gesichtspunkten auswertete, ließ auf einen weiteren Faktor schließen. Die Fortpflanzungschancen der allermeisten Orchideen werden anscheinend vor allem durch die Verfügbarkeit von Pollen eingeschränkt. Die Gründe sind komplex und werden im Kapitel zur Bestäubung näher betrachtet; kurz gefasst ist das Problem vieler Orchideen in ihrer Seltenheit und ihrer recht geringen Bestandsdichte zu suchen. So steht in der Wipfelregion des Tropenwaldes die nächste Orchidee derselben Art mit dem für die Bestäubung notwendigen Pollen oftmals in weiter Entfernung. Hinzu kommt die Beschränkung auf wenige Bestäuber-Spezies. So geschieht es, dass etliche Blüten nicht befruchtet werden und keine Samen bilden. Es erscheint denkbar, dass nur ein winziger Teil der Individuen seine Gene an die Folgegeneration weitervererbt. Bei einer derartigen Einschränkung des Gen-Pools kann die natürliche Auslese – Darwins „Survival of the fittest" – nicht die Hauptrolle spielen.

Was also erklärt die große Diversifizierung der Orchidaceae? Die derzeitige Theorie besagt, dass es sich wahrscheinlich um eine Kombination aus Gendrift und natürlicher Auslese handelt. Gendrift beobachten wir dann, wenn die Fortpflanzung einer ganzen Generation nur über eine kleine Anzahl von Individuen stattfindet, sodass die genetische Variation relativ gering ist. Welche Pflanzen Pollen weitergeben oder erhalten und sich vermehren scheint vollkommen dem Zufall überlassen. Folgendermaßen könnte die Gendrift bei den Orchideen funktionieren: Durch zufällig passende Genkombinationen verschieben sich die Blütenmerkmale eines lokalen Orchideenbestandes derart, dass die Blüte für den ursprünglichen Bestäuber weniger attraktiv, für einen neuen Bestäuber jedoch plötzlich interessant wird. Ist der Bestand erst einmal gänzlich auf den neuen Bestäuber umgeschwenkt, so haben sich diese Orchideen von ihren bisherigen Artgenossen genetisch abgesetzt und bilden eine neue Unterart. Durch diese Kombination aus Gendrift und natürlicher Auslese können im Laufe der Zeit völlig neue Arten entstehen.

DIE ORCHIDEE UND DER MENSCH

Die erste schriftliche Erwähnung einer Orchidee findet sich in einem 5000 Jahre alten medizinischen Text aus China, der eine Orchidee als Medizinalpflanze aufführt. Vor 2500 Jahren beschrieb Konfuzius eine Orchidee als „Herrscherin der Duftpflanzen". In der westlichen Welt findet sich die erste Erwähnung von Orchideen im alten Griechenland; medizinische Texte von etwa 350 v. Chr. führen mehrere Spezies als Mittel zur Behandlung von Fortpflanzungsproblemen an. Sogar der Name der Pflanzenfamilie geht auf die Griechen zurück: Zum einen wäre da Orchis, der Sohn eines Satyrs und einer Nymphe, von dem die griechische Mythologie erzählt, dass er nach seinem gewaltsamen Tod in ein Knabenkraut verwandelt wurde; zum anderen beschreibt das altgriechische Wort *orchis* – Hoden – die Gestalt der Speicherorgane etlicher mediterraner Orchideenarten.

Caladenia multiclavia. *Bundesstaat Western Australia, Australien.*

Trigonidium egertonianum. *Zentral-Panama.*

Auch in Amerika kannte und nutzte man Orchideen. Als der Konquistador Hernán Cortés im Jahr 1519 seinen Eroberungszug durch Mexiko antrat, bot ihm der Aztekenherrscher Moctezuma einen mit Vanille verfeinerten Kakaotrank an. *Tlilxochitl* – „schwarze Blume" – nannten die Azteken *Vanilla planifolia*, die Echte Vanille, die sie schon lange zu Nahrungs- und Heilzwecken sowie zur Duftstoffgewinnung anbauten.

Einige Jahrhunderte später, im England Königin Viktorias, setzte eine Orchidee aus der Neuen Welt das in Gang, was als „Orchidelirium" in Erinnerung bleiben sollte. Während das britische Empire die Grenzen der erforschten Welt weiter ausdehnte, ließen sich die Damen und Herren der englischen Salons immer mehr durch die Berichte von Entdeckungs- und Forschungsreisenden wie Darwin und Joseph Banks einnehmen, die aus den fernen Winkeln des Globus faszinierende Pflanzen und Tiere heimbrachten. Auch weniger abenteuerlustige Engländer wollten indirekt an dieser Exotik teilhaben. Die Gelegenheit dazu ergab sich 1824 mit einer Orchidee – einer unscheinbaren Knolle, per Schiff aus der Neuen Welt importiert, die eine sensationelle Blüte trieb. John Lindley, der führende Orchideenkenner jener Zeit, taufte sie auf den Namen *Cattleya labiata* und benannte sie damit nach ihrem Besitzer Sir William Cattley, einem Pflanzenhändler und Treibhausspezialisten. Mit Sir Williams Blüten-Star fiel der Startschuss zu einer Moderaserei, die Jahrzehnte andauern sollte. Privatpersonen und Handelsgesellschaften finanzierten Pflanzenjäger-Expeditionen, und seltene oder ausgefallene Orchideen wechselten für Hunderte oder gar Tausende Pfund Sterling den Besitzer. Das Orchidelirium, wie man diese exzessive Orchideenbegeisterung nannte, war ein elitäres Hobby, das von vielen Herren der gehobenen Gesellschaft mit einer für jene Zeit und jenes Land vollkommen untypischen Hingabe gepflegt wurde.

Auch heute noch üben Orchideen eine große Faszination auf den Menschen aus. Naturforscher und Botaniker, Profis ebenso wie Amateure, spüren diesen Pflanzen an ihren Naturstandorten nach. Andere Liebhaber verleihen ihrer Leidenschaft für die geheimnisvoll verlockenden Blumen Ausdruck, indem sie sie pflegen und vermehren. Durch Hybridisierung wurde die Vielfalt der Formen noch gesteigert; das Ergebnis sind größere Blüten und unempfindlichere, erschwinglichere Pflanzen. Die domestizierte Orchidee von heute hat sich aus den engen Zirkeln des englischen Adels befreit und den Weg auf die Tische und Fensterbänke der ganzen Welt gefunden.

Doch während sich die Hybriden fröhlich vermehren, blickt die wilde Verwandtschaft in eine ungewisse Zukunft. Manche Arten leiden in der Natur unter der Entnahme durch rücksichtslose Sammler, und viele weitere sind schon jetzt für immer verloren, denn in den vergangenen vierzig Jahren vernichtete der Kahlschlag gewaltiger Regenwaldgebiete entweder die Orchideen selbst oder aber die Bestäuber, auf die sie angewiesen sind. Ähnliche Gefahren birgt die Erderwärmung. Viele Orchideenarten sind an einen sehr spezifischen Lebensraum gebunden; an veränderte Bedingungen können sie sich oft nicht anpassen, oder aber sie können den Standort nicht schnell genug wechseln, um der Vernichtung zu entgehen. Dies gilt besonders für die Spezies der Hochgebirge, die nicht weiter in die Höhe fliehen können. Im Bestreben, bedrohte Orchideenarten zu retten, experimentieren Naturschutzbiologen derzeit mit „assistierter Migration", indem sie Orchideen oder deren Samen in andere Gebiete mit passenden Standortbedingungen transportieren.

    Jegliches Artensterben ist eine Tragödie, doch das Verschwinden auch nur weniger Mitglieder dieser besonderen Pflanzenfamilie mit ihrer betörenden Vielfalt an Düften, Formen und Verhaltensweisen erscheint als ein geradezu unfassbarer Verlust.

Aspasia epidendroides. *Chilibre, Zentral-Panama.*

Oben: Caladenia discoidea, *eine auf Bienen spezialisierte Orchidee.*

Rechts: Caladenia pectinata.

Beide im Bundesstaat Western Australia, Australien.

DER WEITE BOGEN DER EVOLUTION 103

Oben: Pterostylis sargentii.

Rechts: Pterostylis *sp.*

Rechts außen: Pterostylis barbata.

Drei Grünkappen-Arten im Bundesstaat Western Australia, Australien.

DER WEITE BOGEN DER EVOLUTION 105

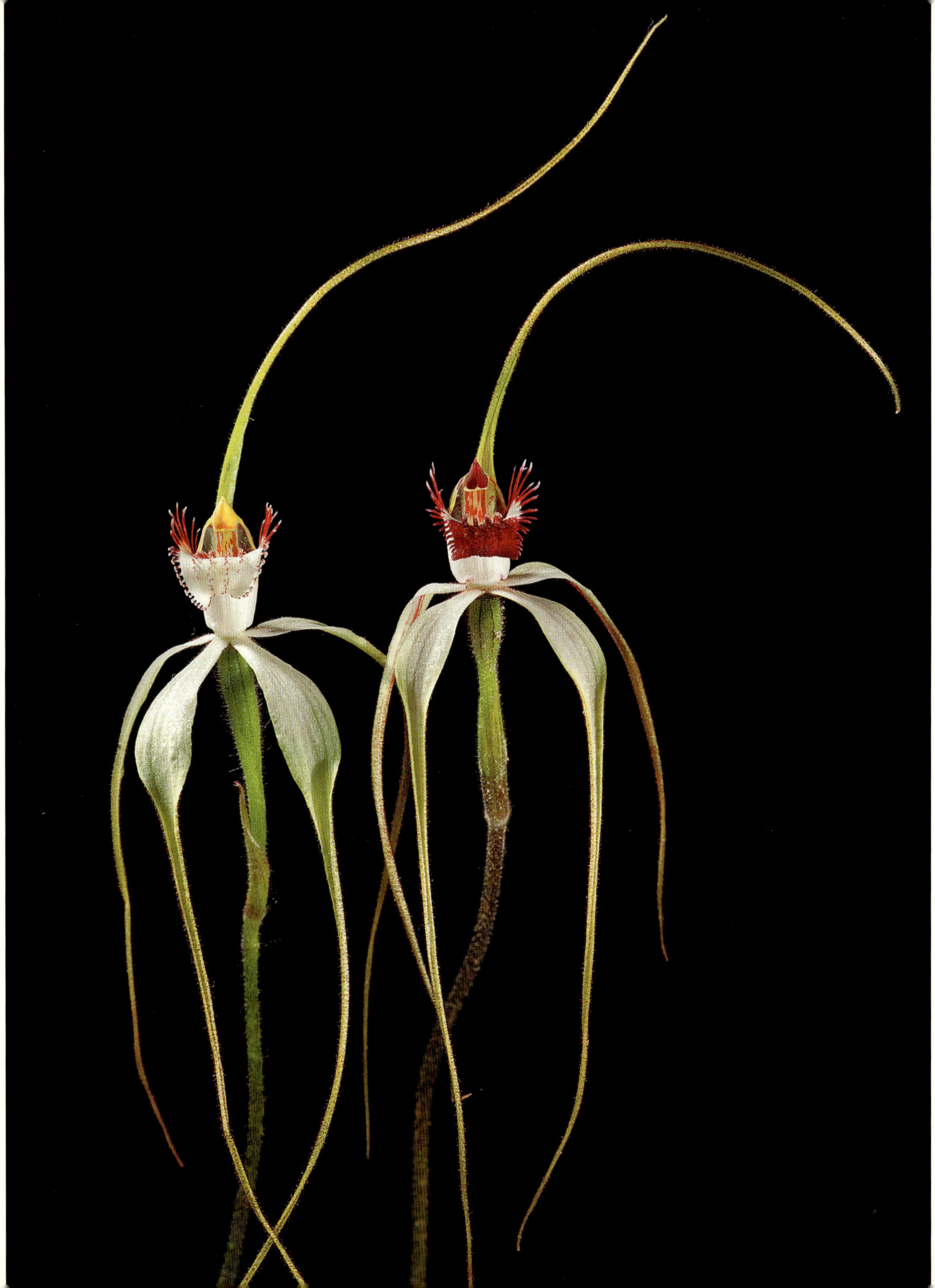

Links: Caladenia splendens; *rechts daneben eine Naturhybride.*
Oben: Caladenia-splendens-*Hybride.*
Beide in Albany, Bundesstaat Western Australia, Australien.

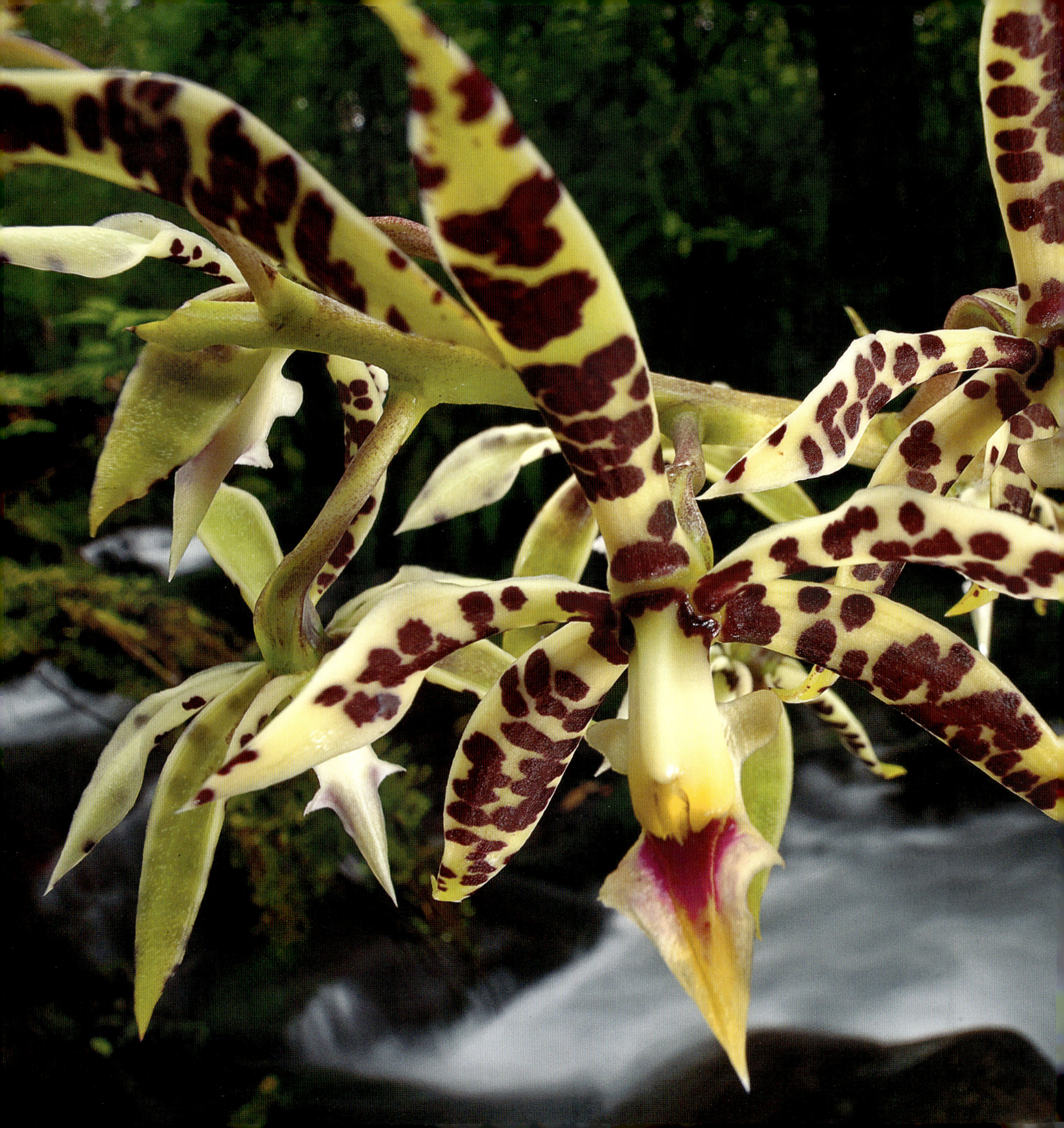

Links: Prosthechea prismatocarpa.

Oben: *Blühende* Masdevallia caesia *im Hochland.*

Beide im Nationalpark La Amistad, West-Panama.

Von links nach rechts:

Calanthe pulchra *(Schönorchis-Art).*

Nicht identifizierte Orchidee im tropischen Bergland.

Bulbophyllum blumei *(Zwiebelblatt-Art).*

Bulbophyllum corolliferum *(Zwiebelblatt-Art).*

Alle in Sabah, Malaysia, Borneo.

DER WEITE BOGEN DER EVOLUTION 111

Oben: Phalaenopsis doweryensis. *Nationalpark Poring Hot Springs, Sabah, Malaysia, Borneo.*

Rechts: Renanthera matutina. *Botanischer Garten Penang, Malaysia.*

DER WEITE BOGEN DER EVOLUTION 113

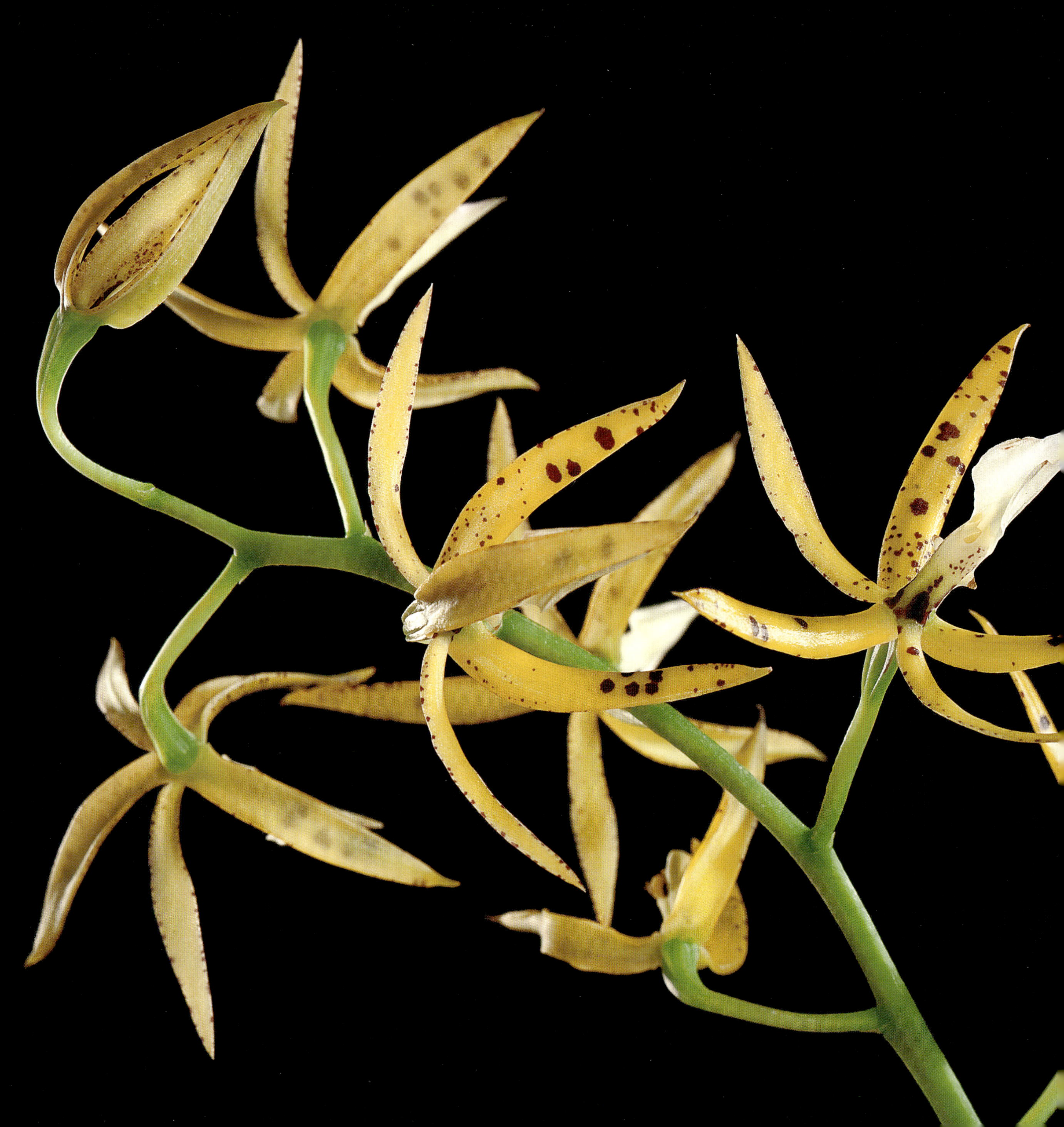

Links: Prosthechea prismatocarpa. *Chilibre, Zentral-Panama.*

Oben: Prosthechea chacaoensis. *Nationalpark Santa Rosa, Costa Rica.*

Oben: Pleurothallis *sp. Gamboa, Zentral-Panama.*

Rechts: Lepanthes *sp. Orchideenreservat Finca Drácula, West-Panama.*

Rechts außen: Epidendrum schlechterianum. *Zentral-Panama.*

DER WEITE BOGEN DER EVOLUTION 117

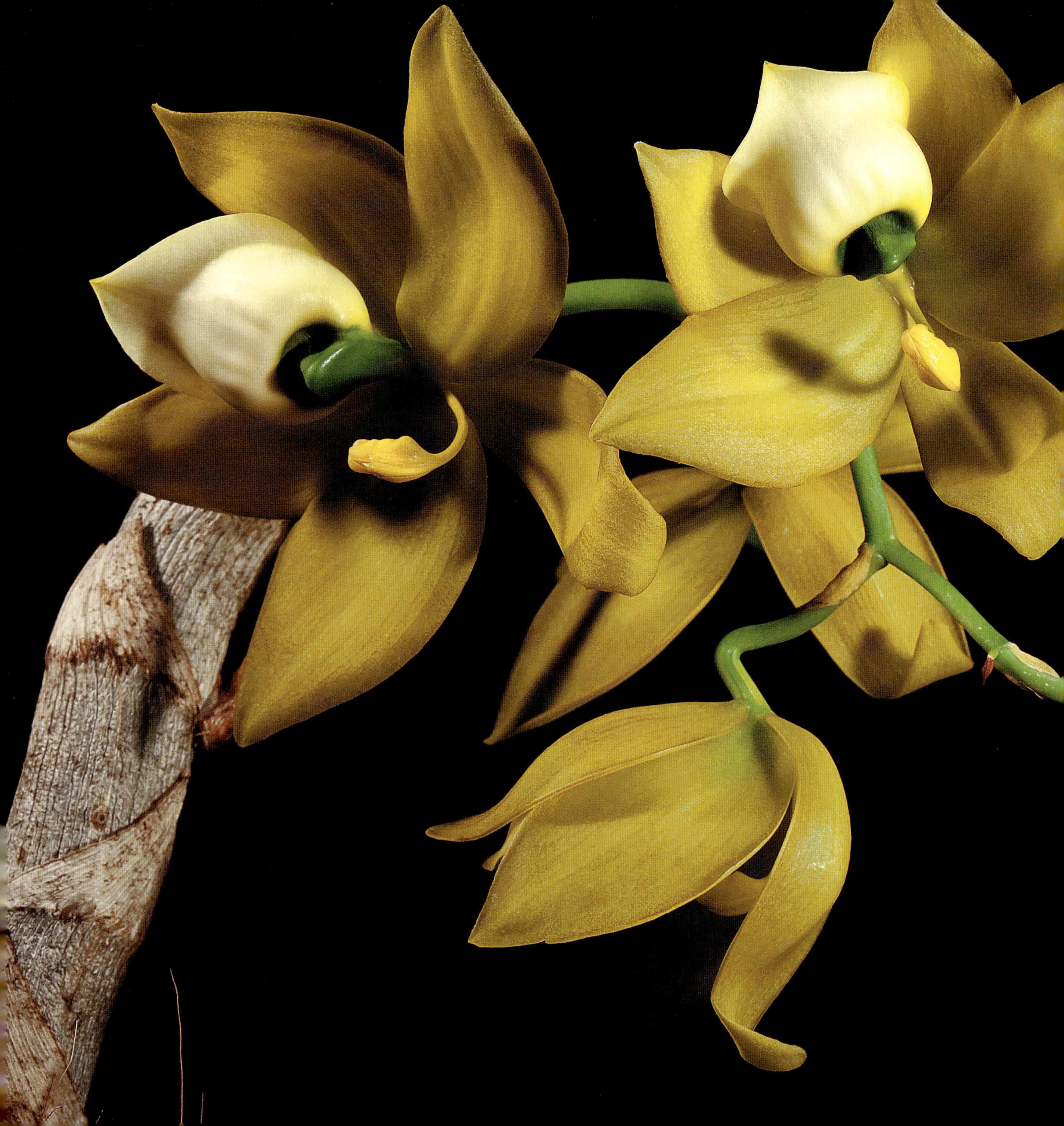

Links: Cychnoches warscewiczii *(Schwanenorchis-Art)*.
Oben: Epidendrum difforme.
Beide in Chilibre, Zentral-Panama.

Oben: Lepanthes *sp.*

Rechts: Brassia arcuigera.

Beide im Orchideenreservat Finca Drácula, West-Panama.

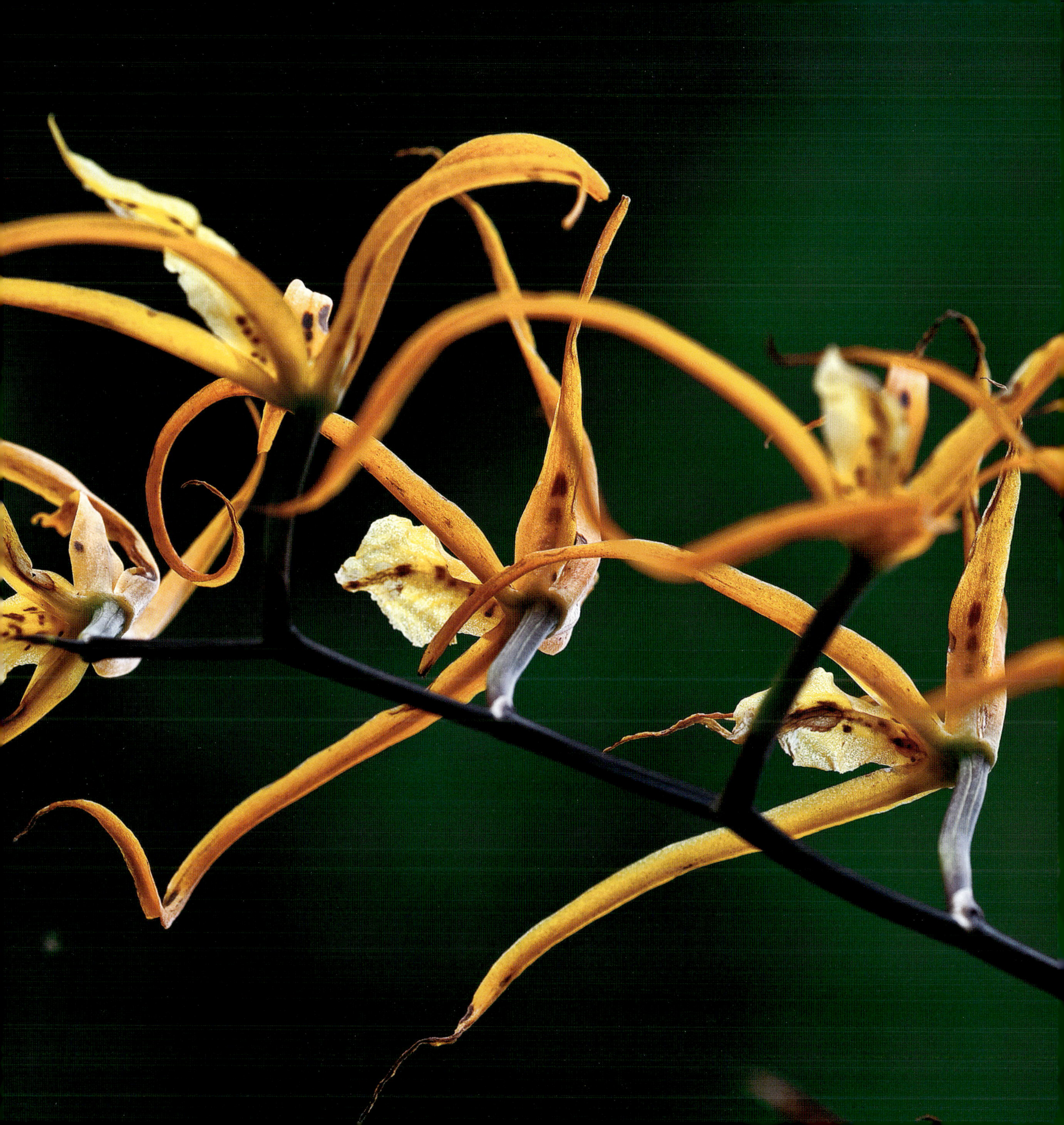

Von links nach rechts:

Pleurothallis sp. *Orchideenreservat Finca Drácula, West-Panama.*

Lockhartia amoena. *Panama.*

Masdevallia coccinea. *Orchideenreservat Finca Drácula, West-Panama.*

Bletia purpurea. *Sian Ka'an, Yucatan, Mexiko.*

DER WEITE BOGEN DER EVOLUTION   123

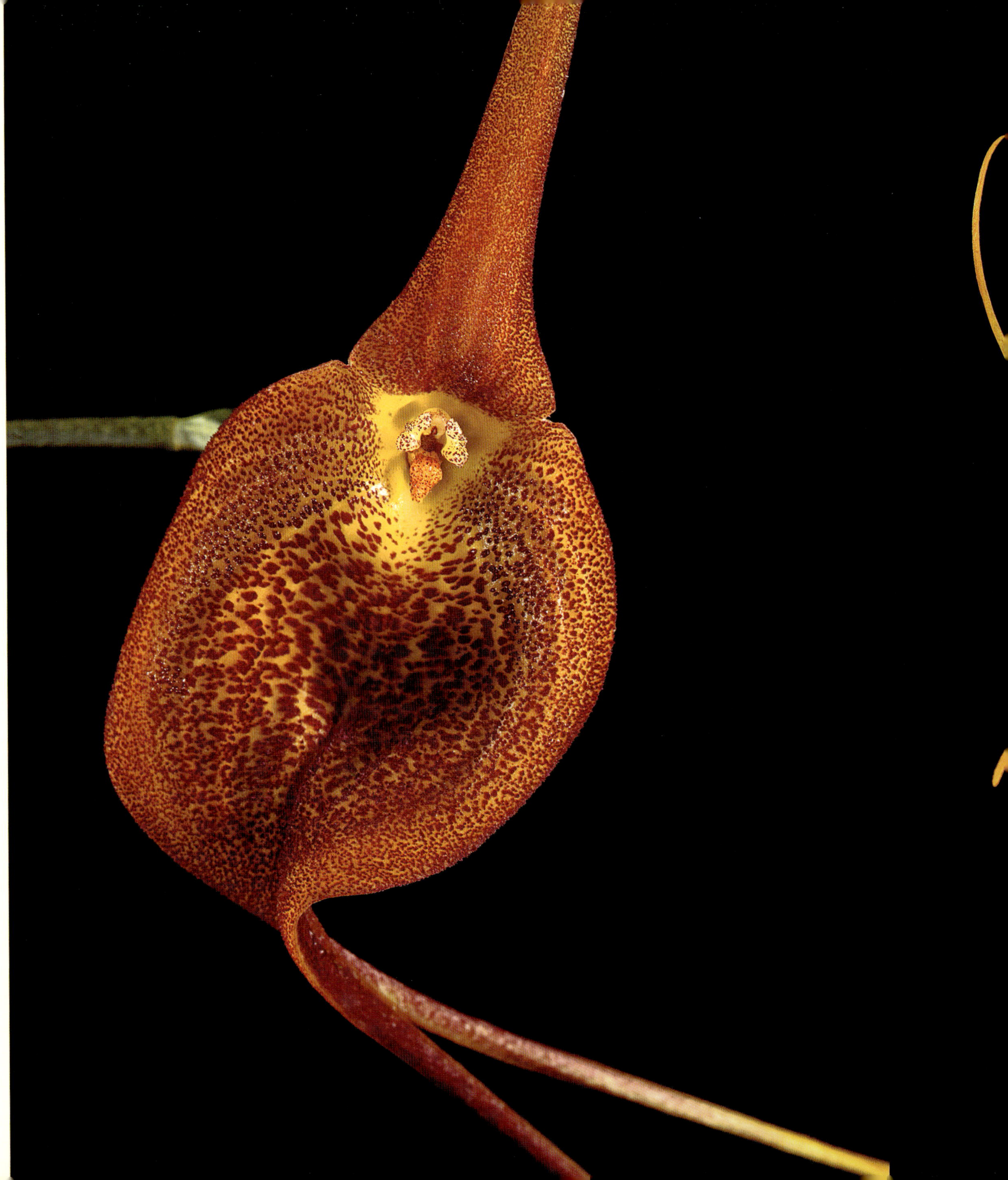

Links außen: Masdevallia *sp.*

Links: Masdevallia excelsior.

Beide im Orchideenreservat Finca Drácula, West-Panama.

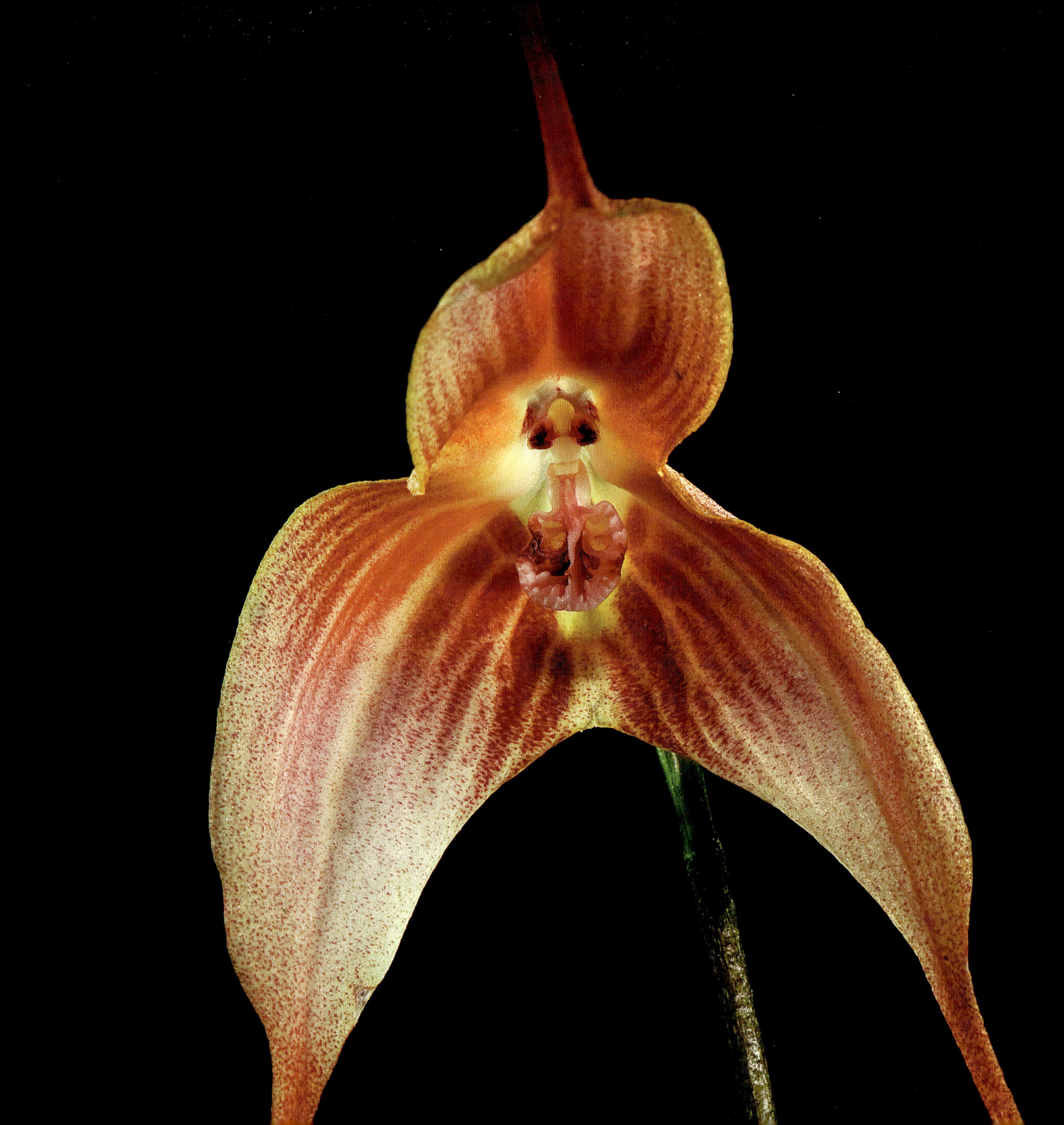

Links: Dracula venefica. *Orchideenreservat Finca Drácula, West-Panama.*

Oben: Trisetella *sp. Chilibre, Zentral-Panama.*

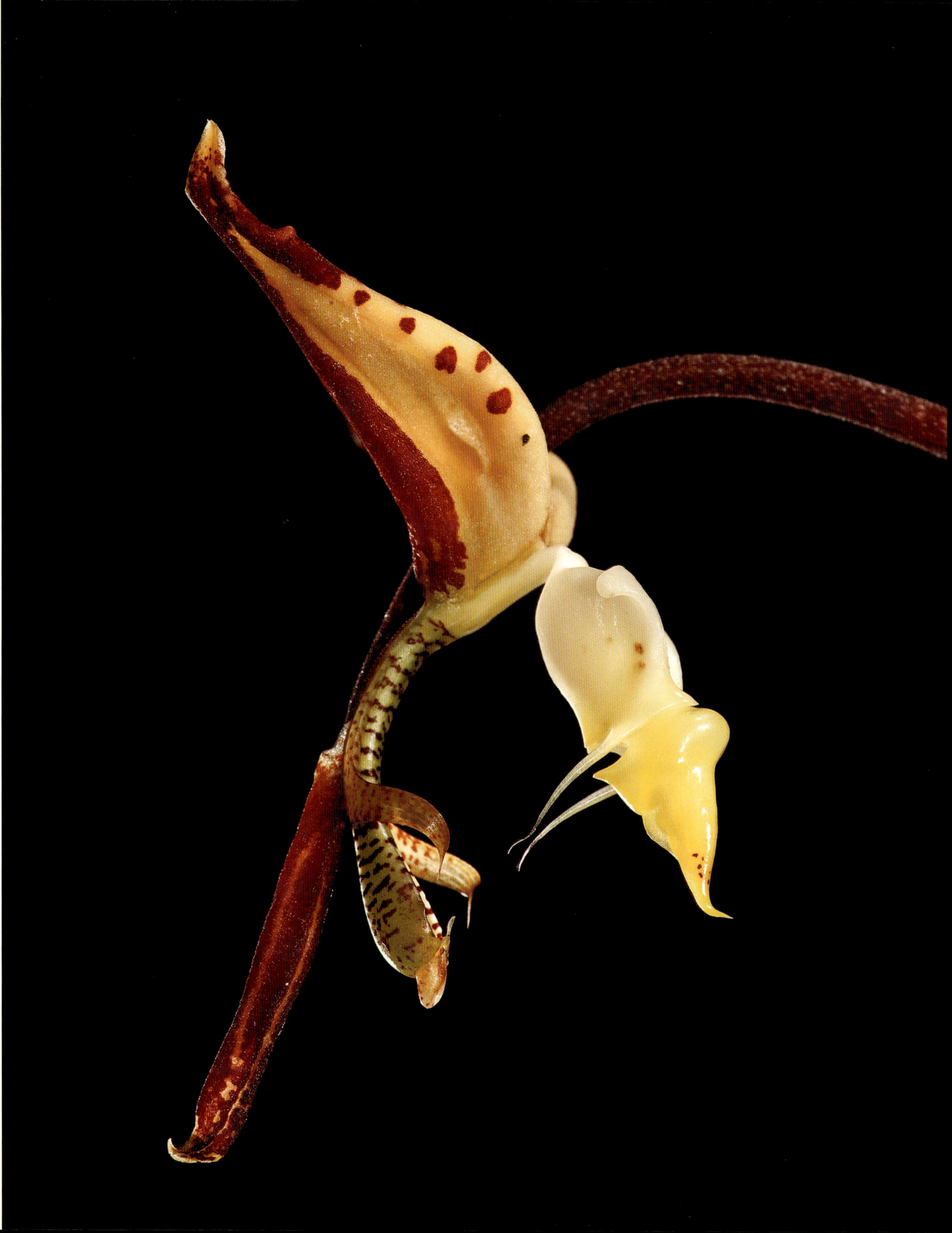

Links außen: Gongora *sp.*
Links: Myrmecophila *sp.*
Beide in Chilibre, Zentral-Panama.

Oben: Ophrys chestermanii, *Chestermans Ragwurz*, eine sehr seltene, auf einen einzigen Standort begrenzte Ragwurz.

Rechts: Ophrys speculum, *Spiegel-Ragwurz*.

Beide auf Sardinien.

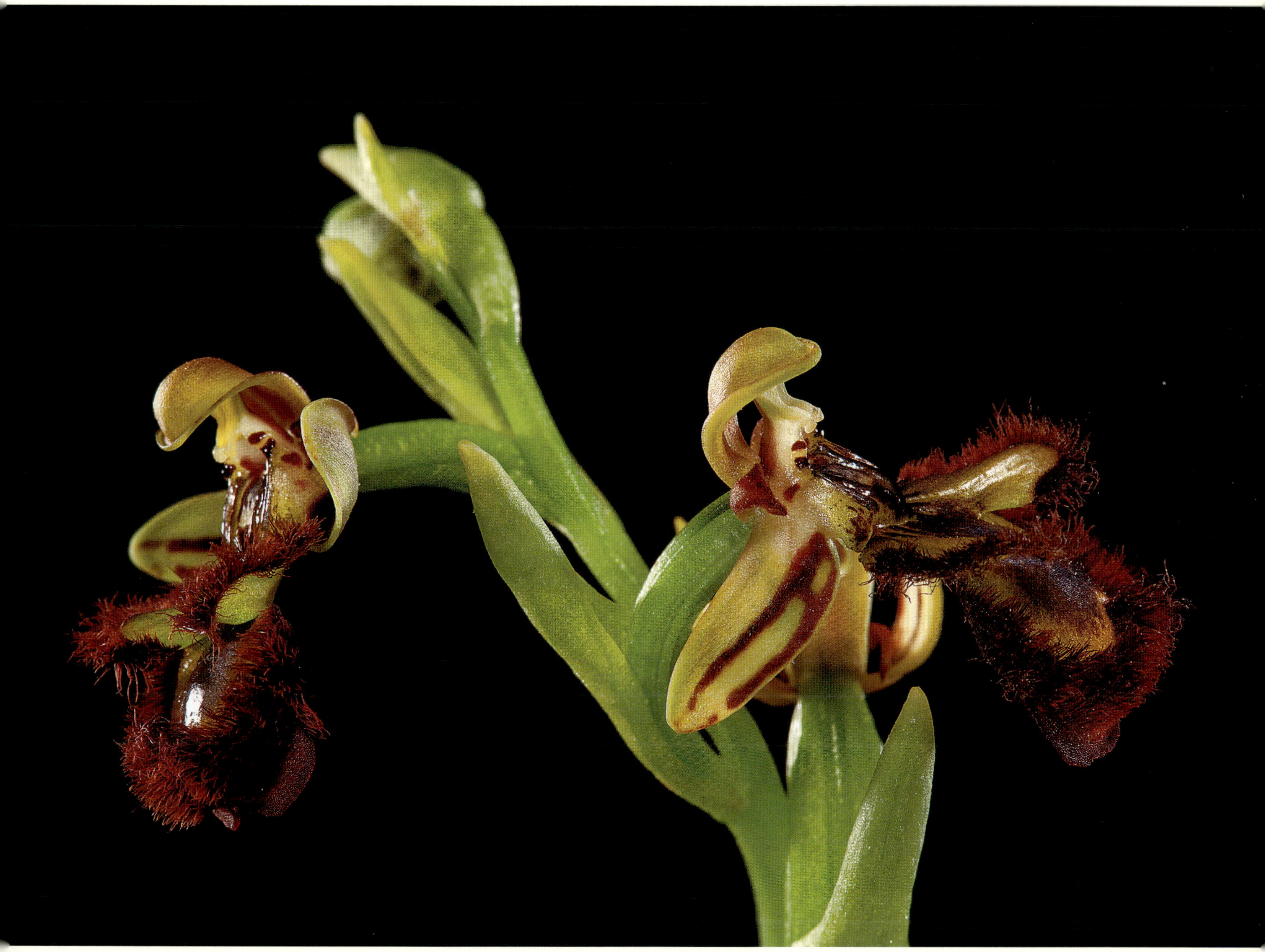

Im Mittelmeerraum verbreitete Arten, **von links nach rechts:**

Ophrys tenthredinifera *(Wespen-Ragwurz).*

Serapias lingua *(Echter Zungenständel).*

Aceras anthropophorum *(Ohnsporn).*

Serapias lingua *(Echter Zungenständel) aus einem anderen Blickwinkel.*

Alle auf Sardinien.

DER WEITE BOGEN DER EVOLUTION 133

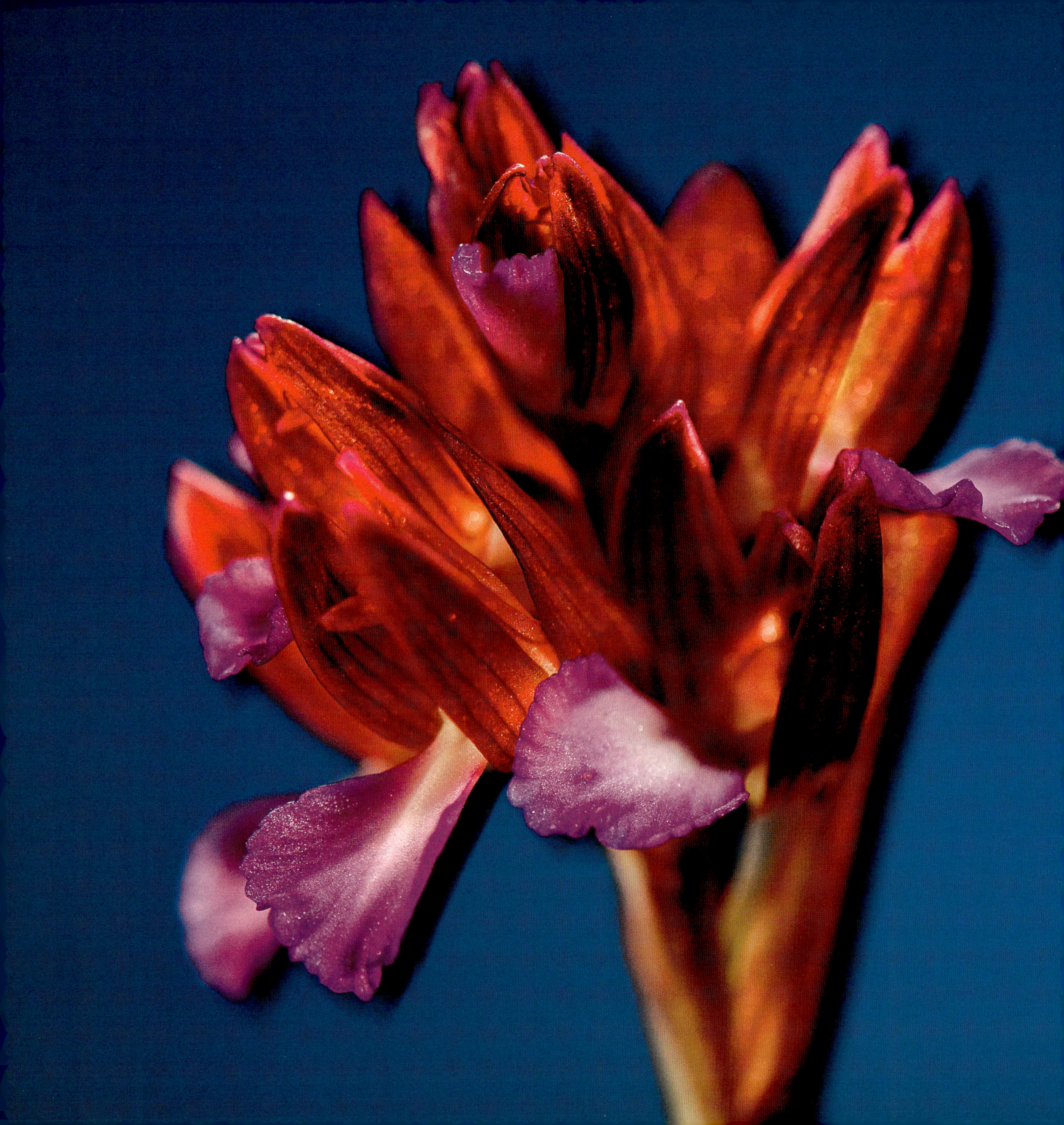

Links: Orchis papilionacea *(Schmetterlings-Knabenkraut).*
Oben: Ophrys incubacea *(Schwarze Ragwurz).*
Beide auf Sardinien.

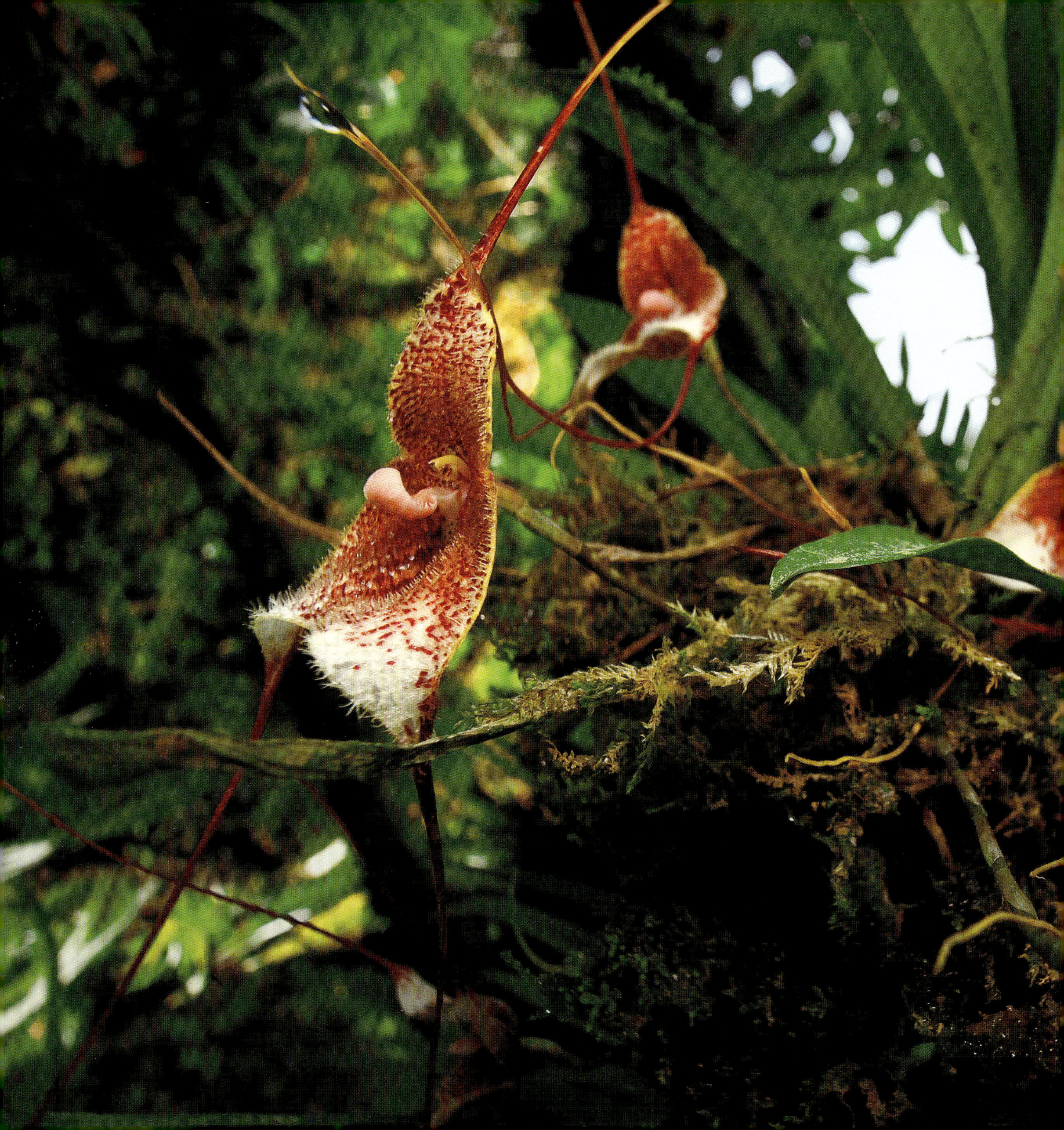

Kapitel 3
BESTÄUBUNG

Jede dritte Orchideenart verspricht ihrem Bestäuber mit raffinierten Täuschungsmanövern weitaus mehr, als sie später hält. Die Verheißung von Nahrung oder Sex, mit Blüten und Duftstoffen in die Welt gesetzt, bleibt bei diesen Schönheiten ein leeres Versprechen. Und doch bekommen die Orchideen, was sie wollen, nämlich einen Boten, der ihren Pollen zu einer anderen Pflanze derselben Art transportiert.

Dracula erythrochaete. *Orchideenreservat Finca Drácula, West-Panama.*

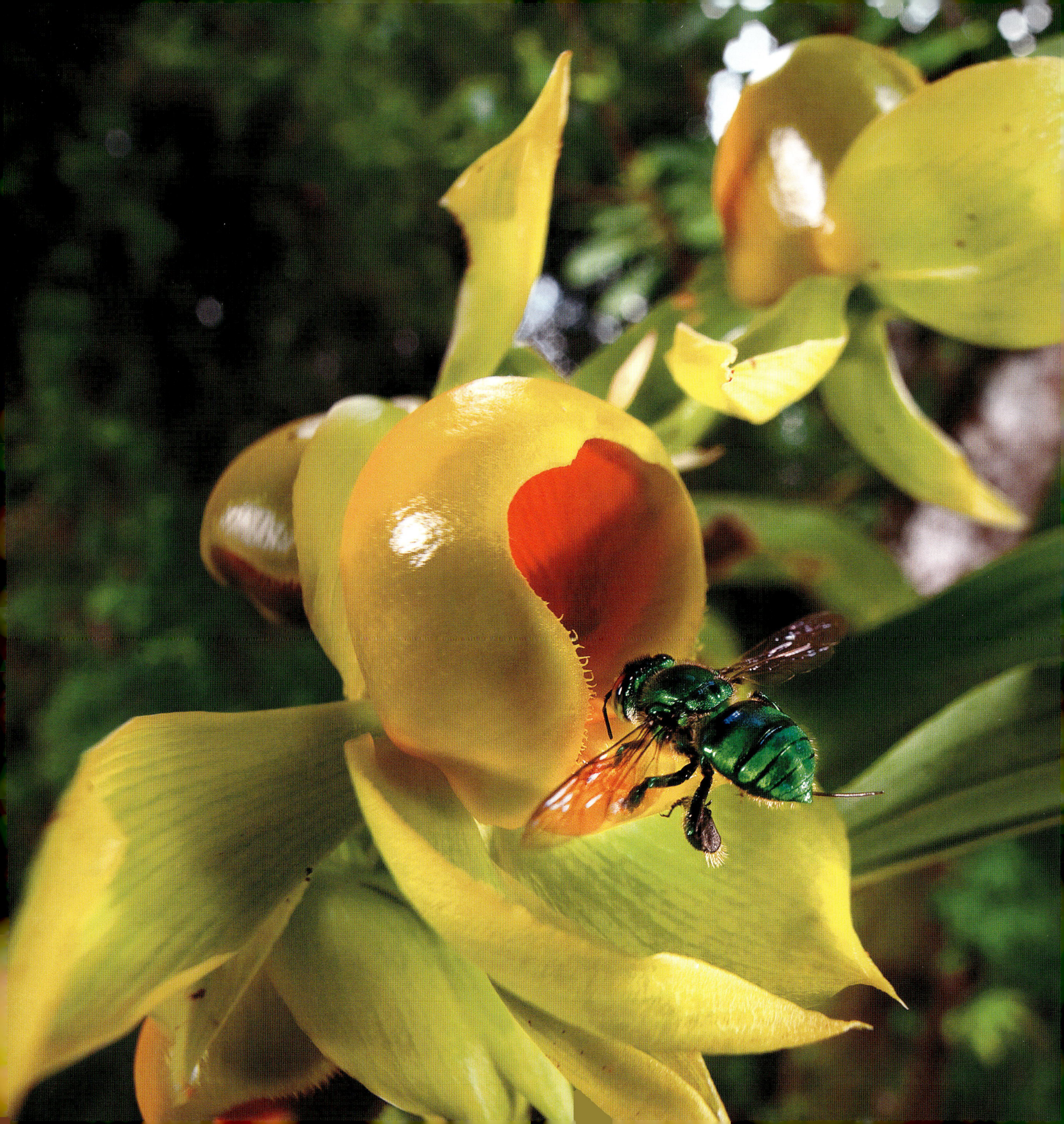

LUST UND FRUST

Die Bestäubung einer Pflanze entspricht der Paarung in der Tierwelt, und wie bei anderen Paarungsritualen kommen auch hier Strategien und Variationen zum Zuge, die sich im Laufe vieler Jahre entwickelt haben. Bei den Pflanzen ist dieser Einfallsreichtum bei den Blüten – den Fortpflanzungsorganen – am offensichtlichsten. Im Falle der Orchidaceae entsprang aus diesen Variationen die atemberaubende, nicht enden wollende Fülle an Formen, Farben und Düften, mit der die Orchideen uns Menschen beinahe ebenso sehr bezirzen wie ihre natürlichen Bestäuber.

Die geschlechtliche Fortpflanzung ist nicht die einzig mögliche Art der Vermehrung. Das ganz frühe Leben auf unserem Planeten – Bakterien und andere einfache Organismen, die sich bereits vor dreieinhalb Millionen Jahren fanden – vermehrte sich asexuell, nämlich durch Teilung: eine elegante, hocheffiziente Methode. Den ältesten Nachweis sexueller Fortpflanzung auf Erden entdeckte man in der kanadischen Arktis in Gestalt von Fossilien der Rotalge *Bangiomorpha*. Auf den ersten Blick scheint die geschlechtliche Vermehrung unpraktisch und übermäßig aufwändig. Wozu die Mühe, einen Sexualpartner zu suchen, um ihn zu werben und Nachwuchs aufzuziehen, wenn Zellteilung doch so einfach geht? Doch genauso einfach ist die Antwort: Nur die sexuelle Vermehrung ermöglicht eine Anpassung an sich ändernde Verhältnisse und begünstigt somit das langfristige Überleben der Art. Durch die Neukombination von Erbanlagen können in jeder Generation neue Varianten entstehen; bei der Vermehrung durch Teilung hingegen wird ein Klon produziert, eine identische Kopie des Ursprungsorganismus. Variationen sind bei der asexuellen Vermehrung einzig durch Mutation möglich – ein seltenes, oft nachteiliges oder sogar mit Funktionsstörungen einhergehendes Vorkommnis.

Regelmäßige, immer wieder neue Variationen sind unerlässlich, damit sich eine Art weiterentwickeln und in der sich ständig wandelnden Umwelt überleben kann.

Eine männliche Prachtbiene im Anflug auf eine süß duftende Catasetum viridiflavum. *Barro Colorado Island, Panama.*

Anacamptis papilionacea, eine Hundswurz-Art, die ihren Bestäuber per Futtertäuschung anlockt. Sardinien.

Dank der Veränderungen verfügt zumindest ein Teil des Nachwuchses über die genetische und physiologische Ausstattung, die ihn Umweltveränderungen meistern und eine Folgegeneration zeugen lässt.

Damit eine Pflanze sich vermehren kann, muss ihr männlicher Pollen die weiblichen Fortpflanzungsorgane derselben Spezies erreichen – kein einfaches Unterfangen für ein Lebewesen, das sich nicht von der Stelle rühren kann. Ganz offensichtlich benötigen Pflanzen also Hilfe beim Pollentransport. Zu Beginn ihrer Evolution verließen sie sich dazu auf den Wind – viele alte, primitivere Pflanzengruppen, etwa die Koniferen, tun dies noch heute. Dann jedoch betraten Insekten die Bühne der Evolution, und vor allem dank der geflügelten Arten ergab sich eine neue, sehr effektive Bestäubungsmöglichkeit, die die Pflanzen voll ausschöpften. Bald schon hatten sich Blütenpflanzen und Insekten auf einen koevolutionären Pas de Deux eingelassen, der für beide die Entwicklung zahlloser neuer Spezies zur Folge haben sollte und schließlich in den Artenreichtum mündete, wie wir ihn heute aus beiden Gruppen kennen.

Manche Pflanzenarten können sich auf Dutzende nicht spezialisierte Bestäuber verlassen, andere wiederum sind von einer einzigen Bestäuberart abhängig. Für eine weit verbreitete Pflanzenart mit dichten Beständen ist wohl ein Generalist wie die Honigbiene oder ein anderer sozialer Pollensammler am besten geeignet. Diese Bienen und Hummeln konzentrieren sich bei einem Ausflug meistens auf eine einzige Pflanzenart und stellen so die Fremdbestäubung sicher, was sie zu verlässlichen Partnern für Pflanzen mit hoher Bestandsdichte macht. Für relativ seltene, nur weit verstreut vorkommende Pflanzen stellt sich die Situation ganz anders dar. Sich auf nicht spezialisierte Bestäuber zu verlassen, dürfte sich für sie als ungünstige Strategie erweisen, denn die Distanz zwischen den einzelnen Angehörigen der Art ist häufig weiter, als ein Generalist zu fliegen bereit ist. Die meisten Orchideen, besonders Epiphyten der Tropen, wachsen in großen Entfernungen; der Abstand zwischen zwei Pflanzen derselben Art kann gut und gern hunderte Meter bis hin zu mehreren Kilometern betragen. Damit in einem solchen Fall die Überbringung des Blütenstaubs garantiert ist, benötigen diese Arten einen wirklich treu ergebenen Bestäuber.

Wie schaffen die Orchideen das? Zunächst einmal halten sie wohl den Weltrekord, was die schiere Zahl an unterschiedlichen, zum Teil unübertrefflich raffinierten Bestäubungsweisen betrifft. Die gesamte Pracht der Orchideen, all das, was wir an ihnen so lieben und bewundern – die komplizierten Blütenformen, die oftmals unglaublichen Farben, der faszinierende (manchmal auch abstoßende) Duft –

steht in direktem Zusammenhang mit ihrer Fortpflanzung und ist das Ergebnis einer Koevolution mit dem jeweilgen bestäubenden Insekt, die über Jahrmillionen hinweg erfolgte.

Nektar ist die gängigste Währung, in der Pflanzen ihre Bestäuber entlohnen: Zwei Drittel der Orchideen tauschen Nektar gegen Pollentransport. Oft wird der Zuckersaft so aufbewahrt, dass er nur für den designierten Bestäuber erreichbar ist, wodurch die Beziehung zwischen der Orchidee und ihrem Partner weiter gefestigt wird.

Die andere ebenfalls übliche Entlohnung – im Überfluss vorhandener Pollen – ist für Orchideen keine Option, denn ihre gesamte Pollenration wird sicher im Paket verwahrt, dem sogenannten Pollinium, und kann typischerweise von Insekten in dieser Form nicht verzehrt werden. Diverse Orchideen, darunter einige aus der Gattung *Oncidium*, warten mit Pseudopollen auf, einer Substanz, die äußerlich und in ihrem Nährwert echtem Pollen ähnelt. Sie wird nicht vom Staubblatt, sondern von speziellen Haaren auf dem Labellum der Blüte produziert. Manche *Oncidium*-Arten und einige andere Orchideen entlohnen ihre bestäubenden Bienen außerdem mit einer wachsartigen Substanz, die beim Nestbau zum Einsatz kommt.

Nicht jede Orchidee empfängt ihren Bestäuber untätig. Manche haben sehr komplizierte Blütenstrukturen entwickelt, mit Gelenken und beweglichen Teilen, Gefäßen voller Flüssigkeit und Haaren, die so ausgerichtet sind, dass sie den Blütengast behindern oder in eine bestimmte Position manövrieren. Manche Fallen stoßen den Bestäuber gezielt an die Stelle, an der der Pollen aufgenommen oder abgegeben wird. Das Zappeln des Insekts löst daraufhin einen Mechanismus aus, der ihm das Pollinarium anheftet beziehungsweise abnimmt.

Über die raffinierteste Kesselfalle verfügt wohl die mittel- und südamerikanische Maskenorchidee *Coryanthes*. Doch auch die weltweit verbreiteten Frauenschuh-Orchideen arbeiten mit dieser Fallenform, in der sie vorzugsweise Bienen oder Fliegen festsetzen. Die glatten Innenwände der Blüte sowie entsprechend ausgerichtete Haare machen es dem Insekt unmöglich, beliebig wieder hinauszukrabbeln. So ist es gezwungen, die Blüte auf einem ganz bestimmten, von der Pflanze vorgegebenen Weg zu verlassen. Hierbei gibt das Insekt zunächst den möglicherweise mitgebrachten Pollen ab, um dann auf seinem Weg durch eine enge Röhre einen Mechanismus auszulösen, der ein neues Pollenpaket an den Insektenkörper heftet. Der frisch beladene Bestäuber fliegt davon und nimmt die für ihn bestimmte Fracht mit.

DIE SCHÖNE GAUNERIN

Ein gutes Drittel aller Orchideen, schätzungsweise 9000 Arten, steht im Verdacht, seine Bestäuber zu täuschen. Anstatt ihre Helfer mit Nektar oder Pollen zu belohnen, imitiert die Blüte Aussehen und Duft von Nektar- und Pollenpflanzen oder die Erscheinung des echten Sexualpartners des Insekts. Manche Forscher schreiben dieser List einen Vorteil gegenüber der herkömmlichen Belohnung zu, denn sie reduziert die Gefahr der Selbstbestäubung: Ein enttäuschtes Bestäuberinsekt wendet sich zumeist von den übrigen Blüten derselben Pflanze ab, sodass eine Vergeudung des wertvollen Blütenstaubs verhindert wird.

Die am weitesten verbreitete Hochstapelei ist die Nahrungstäuschung; sie hat sich in diversen Orchideengruppen etliche Male unabhängig voneinander entwickelt. Nahrungstäuscher imitieren eine Futterquelle, üblicherweise eine Nektarblüte, und verleiten so den Bestäuber zu einem Besuch. Mit auffälligen Farben, süßem Duft und erstaunlicher Größe stellt sich die Orchidee als besonders nektarreiche Pflanze dar, oder aber sie ahmt das Aussehen einer konkreten Blume nach, die gern von Bestäubern angeflogen wird. Einsiedlerisch lebende Insekten fallen am leichtesten auf diesen Superstimulus herein; häufig sind es frisch geschlüpfte Individuen, die erst einige Male enttäuscht werden müssen, bevor sie lernen, diese Blüten zu meiden.

Eine exotischere Variante der Nahrungstäuschung findet sich in den amerikanischen Tropen bei manchen Arten der Gattung *Dracula*. Ihre Blüten enthalten Auswüchse, die wie kleine Pilze aussehen und riechen und bestimmte Bestäuber, vor allem Pilzmücken, dazu verleiten, ihre Eier darauf abzulegen. Die Pilzmücke begibt sich dabei notgedrungen in genau die passende Position, um den Pollen der *Dracula*-Orchidee aufzunehmen beziehungsweise zu übertragen. Vergleichbar sind diverse *Masdevallia*-Orchideen, deren abstoßend riechende Blüten von Aasfliegen befruchtet werden; afrikanische und asiatische *Bulbophyllum*-Arten haben ein ähnliches Täuschmanöver entwickelt. Der wohl erstaunlichste Fall von Futtertäuschung wurde erst im Jahr 2009 entdeckt, als Wissenschaftler auf der chinesischen Insel Hainan herausfanden, dass die Orchidee *Dendrobium sinense* das Alarmpheromon der Honigbiene nachahmt, um Hornissen, den ärgsten Jäger dieser Bienen, als Bestäuber anzulocken.

Und schließlich wären da noch die Verführerinnen. Orchideen sind die einzigen Pflanzen, die ihre Bestäuber mit unverhohlener Sexualtäuschung bezirzen, indem sie die Erscheinung und die Pheromone eines weiblichen Insekts imitieren und so den männlichen Gegenpart anlocken. Anstatt mit einem Weibchen zu kopulieren, findet sich das Männchen dann zur Bestäubung der Orchidee rekrutiert. So raffiniert und unwahrscheinlich es erscheint: Diese Anpassung hat sich offenbar diverse Male unabhängig voneinander entwickelt und ist nun ein bei Orchideen gängiges Verfahren. Vor nicht allzu langer Zeit wurde im Rahmen einer Studie festgestellt, dass die beiden bekannten Sexualtäuschung praktizierenden Artengruppen, eine in Südeuropa und die andere in Australien, auf Vorfahren zurückblicken, die ihre Bestäubung per Futtertäuschung sicherten. Hieraus dürfte sich mit der Zeit die Sexualtäuschung entwickelt haben.

Sexualtäuschung hat für die Orchidee den gewaltigen Vorteil, dass sich ihr Bestäuber in extremer Loyalität ergeht. Da die chemische Mimikry sich an eine einzige Insektenart richtet, sind sämtliche übrigen Insekten an dieser Orchidee nicht interessiert. So ist es möglich, die Beziehung zwischen der Orchidee und ihrem Bestäuber minutiös abzustimmen, mit dem Ergebnis, dass manche Orchideen verblüffend akkurate Imitationen weiblicher Insekten und speziell ihrer Pheromone entwickelt haben. Sämtliche Sexualtäuschorchideen machen sich zunutze, dass ihre Bestäuber zumindest zeitweise an einem Männerüberschuss leiden, sodass die Männchen in ihrem Konkurrenzkampf nicht allzu wählerisch sein dürfen und sich über jedes angetroffene Weibchen hermachen. Hat eine Orchideenblüte erst eine chemische Ähnlichkeit mit dem Zielobjekt entwickelt, so scheint die Feinabstimmung recht schnell vonstatten zu gehen. Ironischerweise sind viele dieser Orchideen den Insektenweibchen in ihrer Anziehungskraft überlegen – unter anderem deshalb, weil die Blüten größere Mengen an Pheromon produzieren.

BIENEN, WESPEN, SCHMETTERLINGE

Bienen, Hummeln und Wespen stellten wahrscheinlich die ersten Bestäuber der Orchideen, und noch heute werden schätzungsweise sechzig Prozent der Orchideen – mindestens 15 000 Arten – von Hautflüglern bestäubt. Die Blüten vieler dieser Arten leuchten im Gelb- oder Blauspektrum, Wellenlängen, die von Bienen und Hummeln besonders gut wahrgenommen werden, und der Blütenbau kommt den Insekten mit seiner Form und einer großen Lippe als Landeplattform entgegen. Zwischen diesen Orchideen und ihren Bestäubern haben sich etliche ungewöhnliche gegenseitige Abhängigkeiten entwickelt. In der europäischen Gattung *Ophrys* – den von Michael Pollan eingangs beschriebenen Ragwurz-Arten – finden sich diverse Artenpaare, deren Blüten äußerst ähnlich oder sogar identisch

Caladenia flava. *Bundesstaat Western Australia, Australien.*

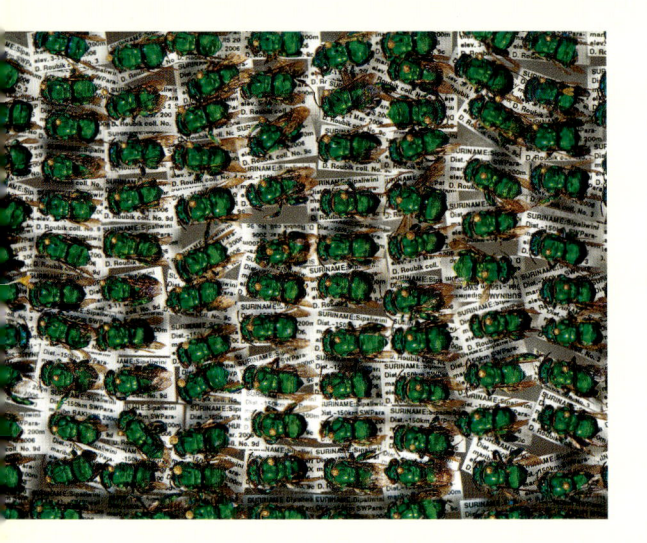

Männliche Prachtbienen aus Surinam in der Sammlung des Smithsonian Tropical Research Institute (STRI). Viele Orchideenarten der amerikanischen Tropen sind zu ihrer Bestäubung auf diese Bienen angewiesen.

erscheinen, die jedoch unterschiedliche Pheromone produzieren und dadurch unterschiedliche Bestäuber anlocken. Möglicherweise geht dies auf eine ganz simple Entwicklung zurück: Eine einzige Mutation der für den Duft verantwortlichen Gene könnte das Pheromon-Imitat dahingehend verändern, dass es die Männchen des Bestäuberinsekts nicht mehr reizt. Wenn aber eine Orchidee von ihrem Bestäuber nicht mehr erkannt wird, ist die Evolution an dieser Stelle in eine Sackgasse geraten. Hin und wieder jedoch, in vielleicht einem Fall unter Millionen, könnte die Mutation einen neuen Duft hervorbringen, der tatsächlich dem Pheromon eines anderen Insekts entspricht, typischerweise eines nahen Verwandten des ursprünglichen Bestäubers. Diese eine Pflanze würde dann ausschließlich von der neuen Bestäuber-Spezies besucht, und ihre Nachkommen würden eine neue Unterart etablieren.

Die Evolution ist ständig für Überraschungen gut. Dass das äußere Erscheinungsbild nicht immer das verlässlichste Indiz für eine Verwandtschaft ist, demonstrieren *Ophrys chestermannii* und *O. normannii* aus derselben Gegend auf Sardinien. Diese beiden „Schwestern" sehen fast identisch aus und werden von derselben Kuckuckshummel bestäubt. Genanalysen jedoch zeigen, dass sie überhaupt nicht nah verwandt sind. Offenbar hat ihre Bindung an ein und denselben Bestäuber im Laufe der Entwicklung die äußerliche Ähnlichkeit erzeugt.

Auch in den amerikanischen Tropen fällt die Bestäuberrolle oft Hautflüglern zu, allen voran den Prachtbienen (Euglossini). In einem einzigen amerikanischen Regenwald können sich bis zu fünfzig Arten der hübschen, metallisch glänzenden Bienen finden und dazu Hunderte Orchideenarten, die sich parallel zu den Bienen entwickelt haben. Jede dieser Orchideenarten ist heute zur Bestäubung auf die Männchen einer ganz bestimmten Prachtbienenart angewiesen. Viele dieser Orchideen unterscheiden sich in ihrer Blütenform radikal, unter anderem aufgrund der Größe der jeweiligen Bestäuberbiene und in der Art und Weise, wie die Pflanze das Insekt in genau die Position manövriert, in der es ein Pollenpaket aufnehmen beziehungsweise absetzen kann. Gemeinsam ist diesen Orchideen jedoch der sehr würzige, überwiegend süße Duft, der die Bienen anlockt, und dieser Duft ist der Dreh- und Angelpunkt der wechselseitigen Beziehung.

Die Bienen benötigen von der Orchidee produzierte Duftstoffe, um ein Parfüm für ihre eigene Brautwerbung herzustellen. Es mutet geradezu romantisch an: Die Prachtbienenmännchen mischen ein bestimmtes, nur ihrer Spezies eigenes Bukett an, aufgrund dessen die Weibchen ihren Sexualpartner wählen. Jede Prachtbienenart hat ihre eigene ideale Duftkomposition, und je genauer das Bienenmännchen diese herzustellen vermag, desto größer sind seine Paarungschancen. Es kann mehrere Monate dauern, bis das Männchen alle Zutaten beisammen hat; täglich verbringt es Stunden mit der Suche nach Blüten, Harz und anderen Quellen, von denen es die nötigen Duftkomponenten bezieht. Diese Bestandteile nimmt es mit den Saugborsten der Vorderbeine auf, um sie in größere Sammelbehälter an den Hinterbeinen zu transferieren. Schließlich werden die Essenzen zum charakteristischen Lockduft vermischt.

Ist das Parfüm komplett, so sucht das Männchen einen besonderen hochgelegenen Platz auf, entnimmt dem Sammelbehälter ein wenig Duftstoff und verbreitet ihn mit schwirrenden Flügeln in der Luft. Die Komplexität dieses Ablaufs erklärt eine bizarr erscheinende Verhaltensweise, die sogenannte Grabräuberei: Stirbt eine männliche Prachtbiene, so ist der Leichnam bald heftig von anderen Männchen umkämpft, die möglichst viel von dem wertvollen Duft aus den Sammelbehältern zu ergattern versuchen.

Für die Orchidee ist die Prachtbiene der perfekte Bestäuber. Die Fixierung der Bienenmännchen auf die Duftstoffe macht sie zu eifrigen, zielstrebigen Besuchern, die für die richtigen Duftkomponenten weite Flugstrecken auf sich nehmen. Beobachtungen und Experimente mit Sendern ergaben, dass manche Männchen bis zu zehn Kilometer weit ausschwärmen. Unterschiedliche Orchideenarten, die die Dienste derselben Prachtbienenart beanspruchen, heften ihre Pollinien an jeweils andere Stellen des Insektenkörpers, um eine Bestäubung mit dem falschen Pollen zu verhindern. So kann ein Bienenmännchen die Pollinien von zwei oder mehr Orchideenarten gleichzeitig tragen. Aufgrund dieser Eigenschaften eignen sich die Prachtbienen hervorragend als Gehilfen im Dienste der Wissenschaft. Das Studium der Orchideen in der Wipfelregion der Regenwälder ist keine einfache Aufgabe, und so lassen sich die Forscher gern von den verlässlichen Bienenmännchen assistieren: Sie locken die Bienen mit ätherischen Ölen an, notieren die Farbe, Form und Platzierung der Pollenpakete an ihren Körpern und schließen daraus auf das Vorhandensein bestimmter Orchideenarten, auf Blütezeiten und relative Häufigkeit.

Die starke Bindung an die Prachtbienen birgt für die Orchideen ein deutliches Risiko. Die in den vergangenen zwanzig bis dreißig Jahren erfolgte Zerstückelung der mittel- und südamerikanischen Wälder durch Abholzung und Erschließung wirkt sich bereits jetzt gravierend auf die spezialisierte Bestäubung aus. Einer neueren Studie zufolge ist in fragmentierten Wäldern der Anteil der Orchideenblüten, denen der Pollen entnommen wird, auf die Hälfte zurückgegangen. Dan Janzen,

Eine männliche Prachtbiene nähert sich dem toten Männchen einer anderen Art, um „Grabräuberei" zu betreiben. Da die Bienenmännchen oft Wochen oder gar Monate damit beschäftigt sind, die für ihr Paarungsritual notwendigen Duftkomponenten zu sammeln, entwenden sie diese Öle gern tot aufgefundenen Männchen. Barro Colorado Island, Panama.

ein weltweit anerkannter Tropenökologe, prognostizierte diese Entwicklung bereits vor längerem; ihm zufolge dürfte am Ende dieser Entwicklung das Aussterben diverser Orchideenarten stehen.

Auch in Australien findet sich ein gut dokumentiertes Beispiel für die Bestäubung per Sexualtäuschung, nämlich mit der Familie der Caladeniinae. Diese Orchideen sind auf eine parasitische Unterfamilie der Rollwespen angewiesen, die Thynninae, die ihre Eier in die Larven und Puppen von Käfern und anderen Insekten legen. Während das Wespenmännchen ein geschickter Luftakrobat ist, kann das kurzlebige, flügellose Weibchen nur krabbeln. Direkt nach dem Schlupf erklimmt es einen hohen Grashalm, um von der hohen Warte aus seine Pheromone zu verströmen. Sogleich eilen Wespenmännchen herbei, um das Weibchen zu ergreifen, zur Stärkung zu einer Blüte zu tragen und sich dann mit ihm zu paaren. Die Konkurrenz ist groß, die Paarungsgelegenheit ergibt sich selten, und so können es sich die Wespen nicht leisten, wählerisch zu sein – sie nähern sich allem, was nur irgendwie einem Weibchen ähnelt. Die Orchideen machen sich die übergroße Entschlossenheit der Männchen zunutze: Sie haben Blüten entwickelt, die wie Wespenweibchen aussehen.

Bienen, Hummeln und Wespen treten am häufigsten als Orchideenbestäuber in Erscheinung, doch auch andere Insekten spielen im Lebenszyklus diverser Orchideen eine Rolle. In den höheren Lagen der Tropen sind pilz- und nektarfressende Fliegen wichtige Bestäuber, und manche Orchideenarten haben sich auf Tag- oder Nachtfalter spezialisiert. Die spezielle Form der extrem langen, aufgerollten, hohlen Schmetterlingsrüssel hatte bei den Blüten die Ausbildung langer, nektarhaltiger Lippensporne zur Folge. Die berühmteste langspornige Orchidee ist die Kometen-Orchidee *Angraecum sesquipedale*, im englischen Sprachraum auch als „Darwin-Orchidee" bezeichnet: Als ein Gartenfachmann Blüten dieser auf Madagaskar heimischen Art an Charles Darwin schickte, prognostizierte dieser, der Bestäuber müsse ein großer Schwärmer mit sehr langem Rüssel sein. Einundzwanzig Jahre nach seinem Tod wurde im madagassischen Dschungel ein großer Nachtfalter mit 25 cm langem Rüssel beim Besuch der spektakulären Blüte beobachtet – Darwins Hypothese war bestätigt. Auf Schmetterlinge oder Schwärmer spezialisierte Orchideen halten üblicherweise ein Nektarangebot für ihre Gäste bereit; sie verfügen außerdem über besonders geformte, relativ kleine Pollinien, die beim Einrollen des Schmetterlingsrüssels nicht stören.

Zu den eindrucksvollsten Bestäubern der Orchideen zählen die Kolibris der amerikanischen Tropen und die afrikanischen und asiatischen Nektarvögel. Vor allem in höheren Lagen wie den mehr als 1500 Meter hoch gelegenen Bergnebelwäldern spielen sie eine wichtige Rolle. Insekten sind hier weniger verlässlich, denn Regen oder niedrige Temperaturen zwingen sie häufig, ihre Futtersuche auszusetzen; die stärkeren und zudem warmblütigen Vögel hingegen bleiben problemlos aktiv. Wie gewaltig dieser Selektionsdruck offenbar ist, lässt sich daran ablesen, dass sich die Bestäubung von Orchideen durch Vögel weltweit in sämtlichen tropischen Gebirgslagen unabhängig entwickelt hat.

Die Blütenmerkmale der von Vögeln bestäubten Orchideenarten decken sich überwiegend mit jenen der auf Schmetterlinge angewiesenen Spezies. Typischerweise sind diese Blüten rot, orange oder rosa und häufig mit einem recht langen Sporn versehen; den meisten fehlt allerdings der süße Duft der Schmetterlingsblüten. Auffällig an den von Vögeln bestäubten Orchideen ist die zumeist graue oder dunkelviolette Farbe der Pollenpakete. Pollinien in dem üblicheren auffälligen Gelb würde der Vogel höchstwahrscheinlich sogleich fortputzen.

Die zumindest aus menschlicher Sicht ungewöhnlichste Partnerschaft zwischen Blume und Bestäuber dürfte sich in Australien finden, wo die unterirdisch blühende *Rhizanthella gardenri* Termiten zur Bestäubung anlockt. Tatsächlich aber wissen wir noch immer sehr wenig über den wundersamen Paartanz, zu dem die Orchideen und ihre Partner antreten, sodass wir bei dieser Familie auch in Zukunft noch viele neue, faszinierende Fortpflanzungsrituale entdecken dürften.

Bulbophyllum corolliferum *(Zwiebelblatt-Art). Sabah, Malaysia, Borneo.*

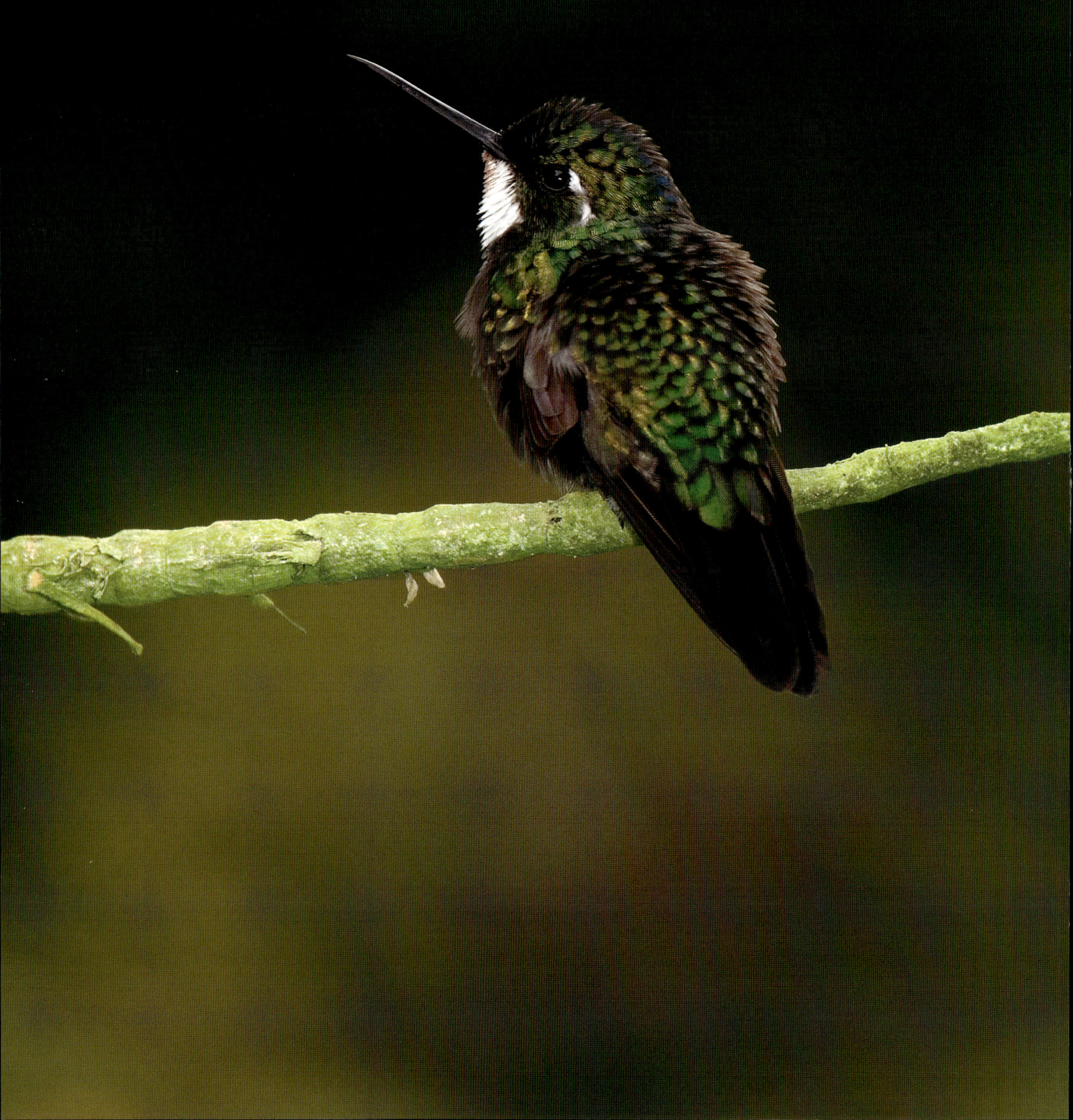

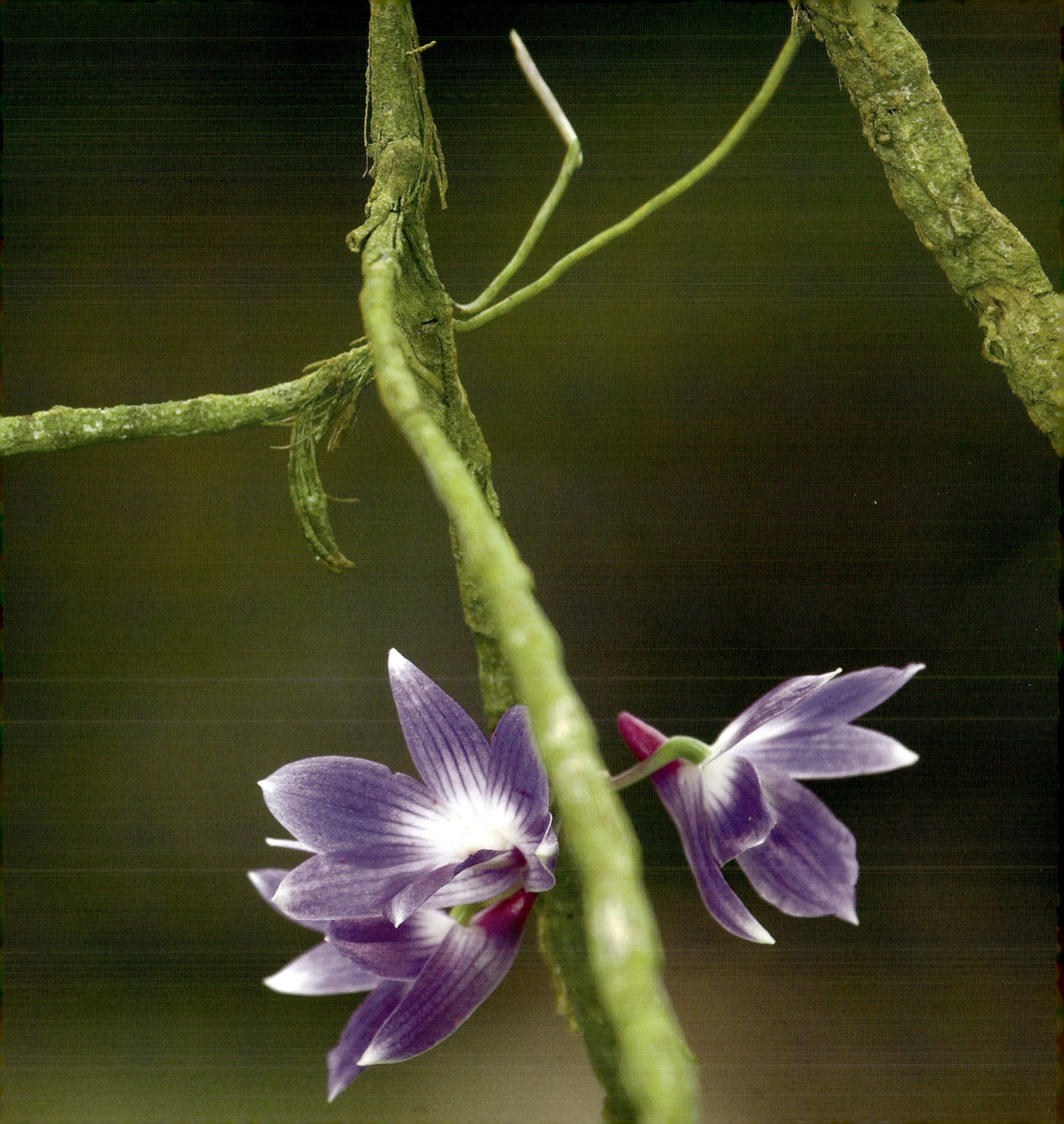

Vorhergehende Doppelseite: Dendrobium victoriae-reginae *wird in seiner Heimat auf den Philippinen von Nektarvögeln bestäubt; in Panama übernimmt das Weibchen der Weißkehlnymphe (*Lampornis castaneoventris*) diese Aufgabe. Im Bild ist das Männchen dieser Kolibri-Art zu sehen. Orchideenreservat Finca Drácula, Panama.*

Links und oben: Epidendrum radicans *imitiert das Aussehen einer Seidenpflanze, um seinen Bestäuber anzulocken, einen Schmetterling. Gamboa, Zentral-Panama.*

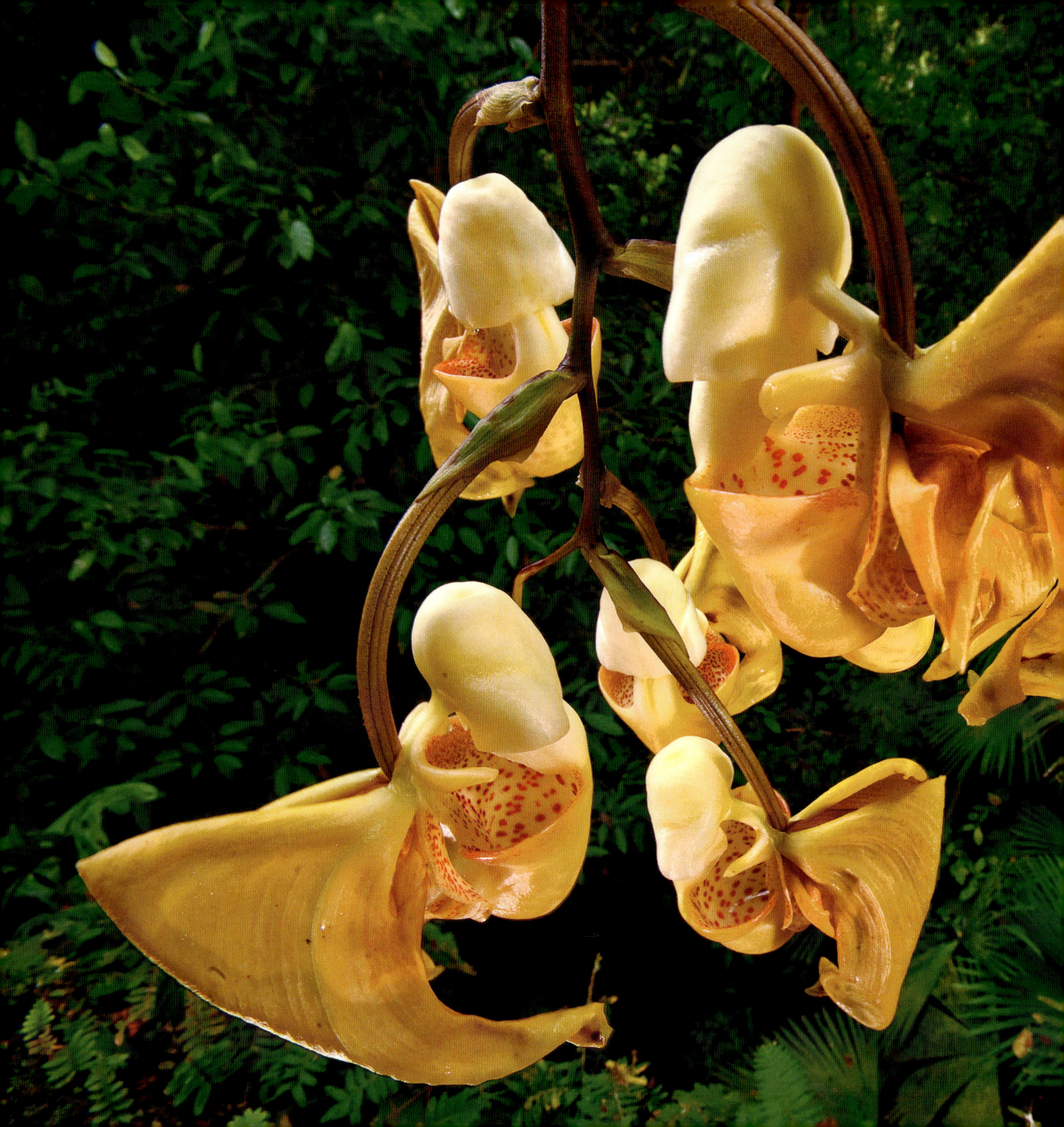

Links und oben: *In den Wipfeln des Tiefland-Regenwaldes blüht* Coryanthes panamensis, *eine Maskenorchidee. Gamboa, Zentral-Panama.*

Blütenfallen

Die raffiniert ausgestaltete Blüte dieser Orchidee fungiert als Bienenfalle: Während das Bienenmännchen eifrig die Duftöle der Blüte sammelt, rutscht es an den glatten Wänden herab, bis es schließlich in der dicken Flüssigkeit am Grunde der Kesselfalle landet. Durch die benetzten Flügel am Fliegen gehindert, ist die Biene gezwungen, die Innenwand hochzukrabbeln. Die einzige Halt bietende Stelle führt zum Eingang einer engen Röhre, durch die sich das Insekt hinauszwängt. Am Ausgang werden ihm Pollinien auf den Rücken geheftet, die es beim nächsten Blütenbesuch abliefert, womit sich der Kreislauf der Bestäubung schließt.

154 BESTÄUBUNG

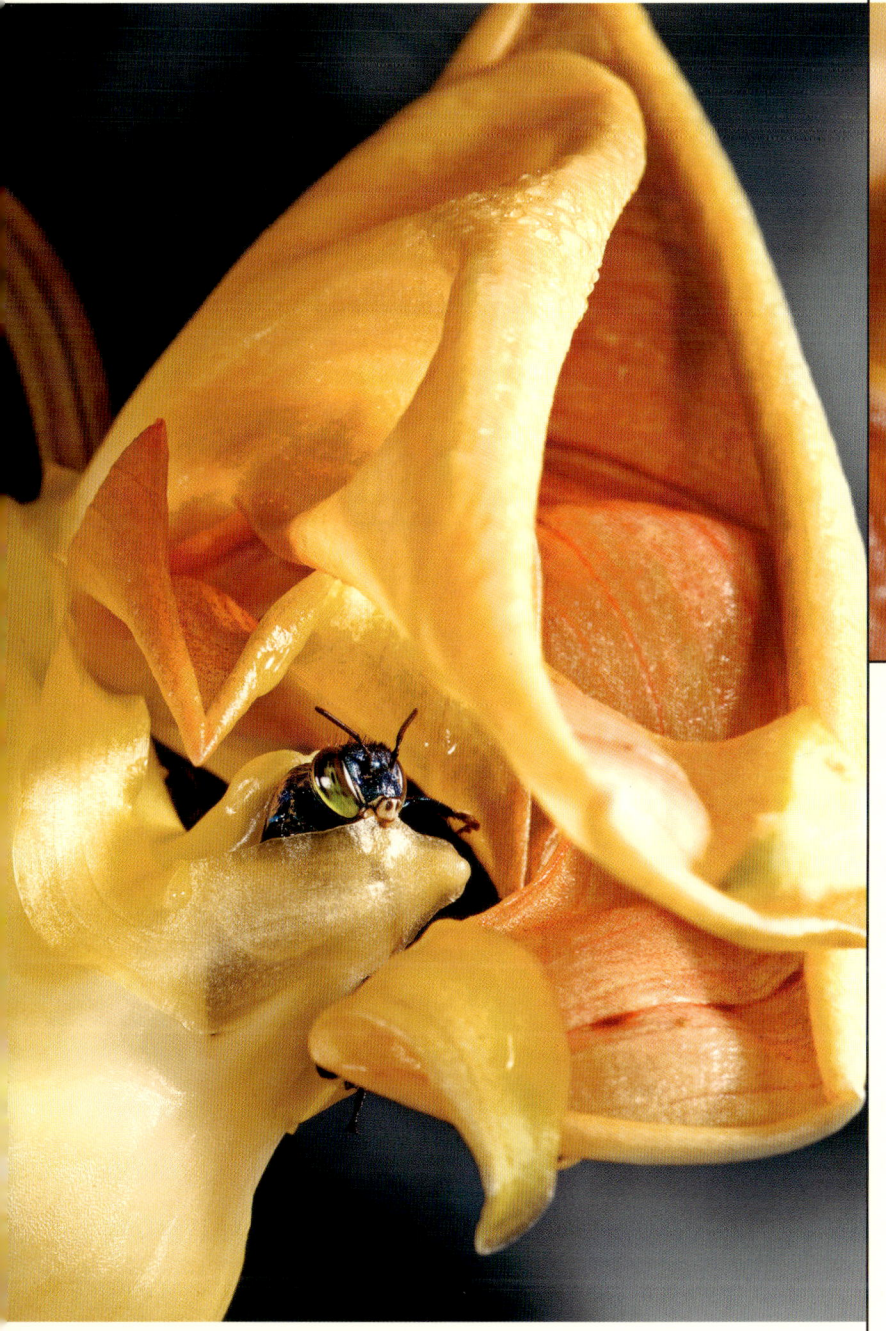

Von links nach rechts: *Prachtbienen-Männchen umschwärmen die Blüte einer* Coryanthes panamensis *(Maskenorchidee), eine von mehreren Arten dieser Gattung, deren Duftöle in der Herstellung des artspezifischen Bienenlockduftes Verwendung finden. Eine Biene quetscht sich durch die Röhre, die aus der Kesselfalle der Orchidee hinausführt, um dann ihre feuchten Flügel zu trocknen. Auf ihrem Rücken leuchten zwei gelbe Pollinien, die die Orchidee dort platziert hat. Gamboa, Zentral-Panama.*

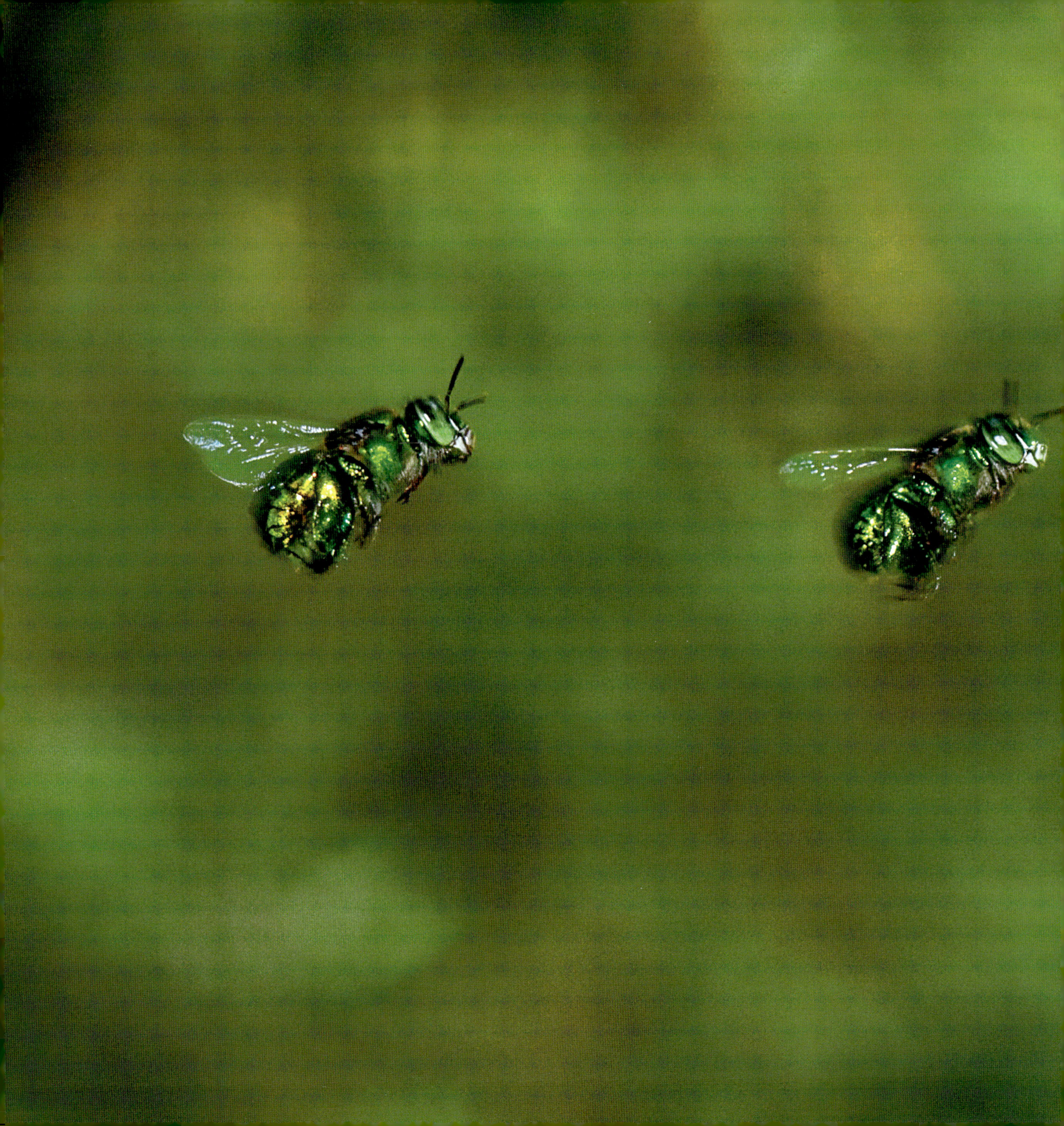

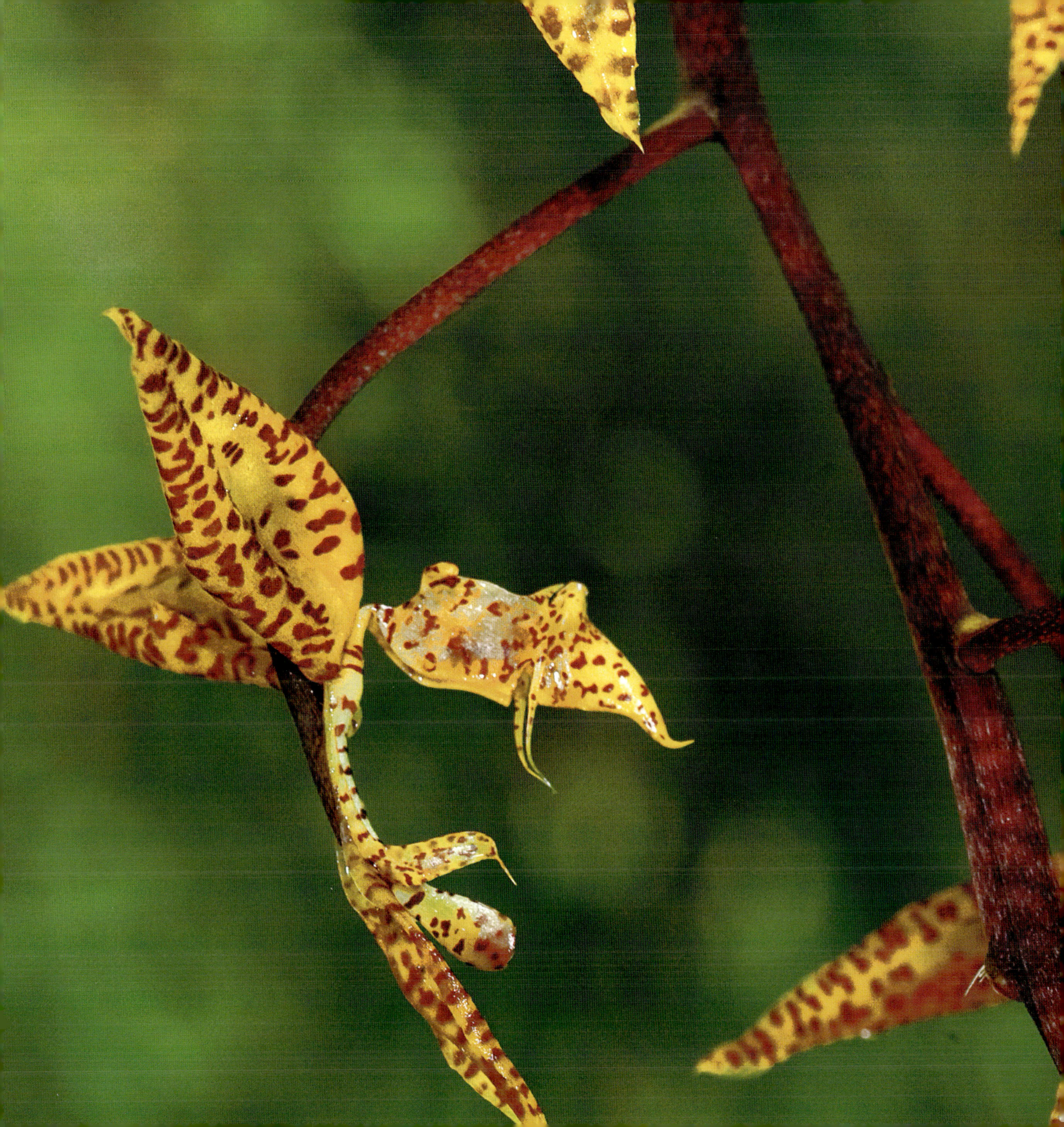

Vorhergehende Doppelseite: *Zwei Prachtbienen steuern die Blüte einer* Gongora powellii *an. Gamboa, Zentral-Panama.*

Oben: Himantoglossum robertianum *(Riesenknabenkraut) zählt zu den „ehrlichen" Orchideen: Für die Bienen, die sie bestäuben, hält sie Nektar bereit. Sardinien.*

Rechts: Diuris magnifica, *ein Nahrungstäuscher, imitiert den Duft eines nektarreichen Schmetterlingsblütlers. Perth, Bundesstaat Western Australia, Australien.*

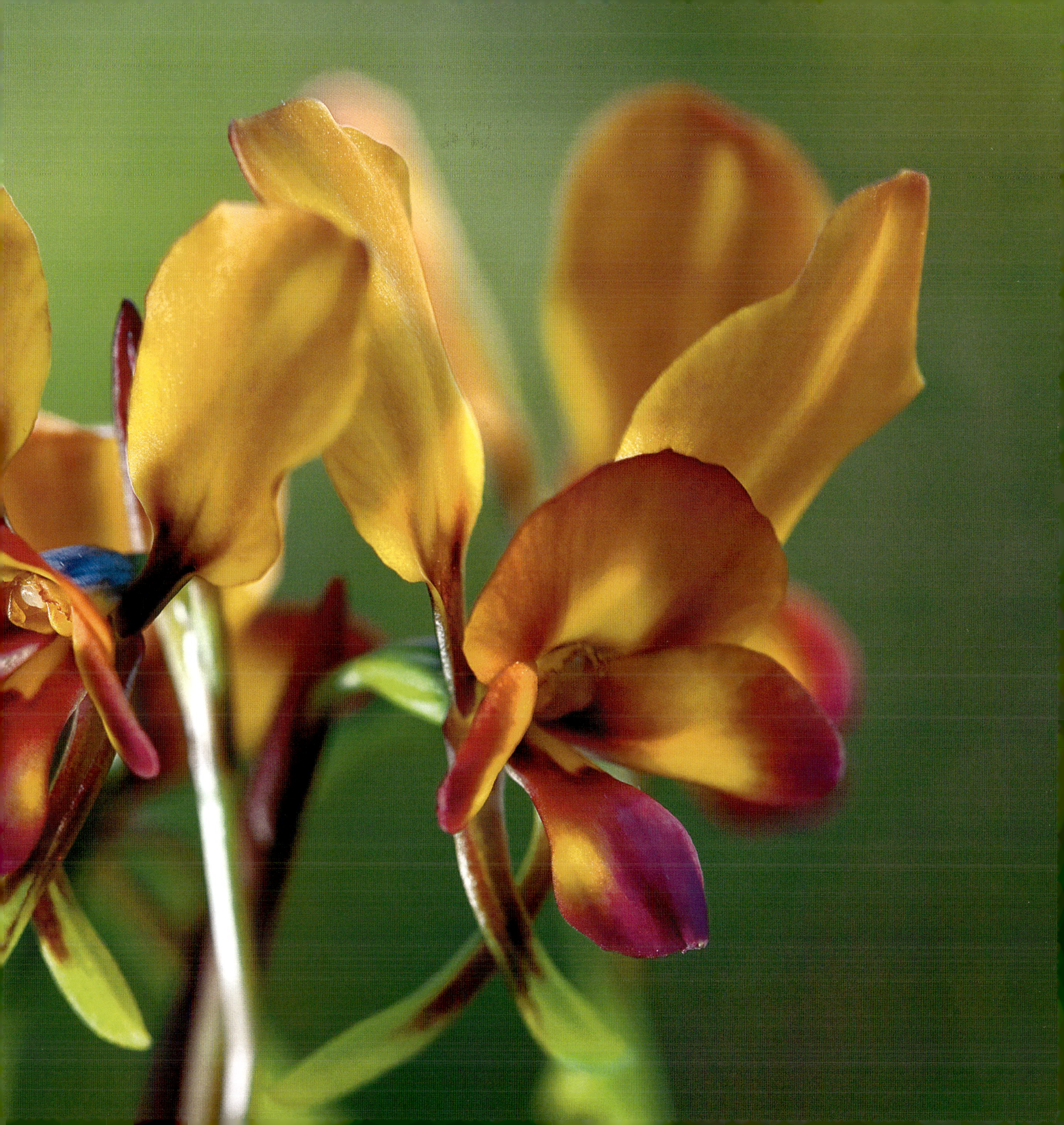

Oben: *Eine beeindruckend getarnte Orchideen-Gottesanbeterin, das Gegenteil eines Bestäubers, wartet zwischen den Blüten einer* Aerides lawrenceae *auf ihr nächstes Opfer. Penang, Malaysia.*

Rechts: *Auf einer* Gongora tricolor *lauert eine Krabbenspinne auf eine Biene oder ein anderes Insekt. Gamboa, Zentral-Panama.*

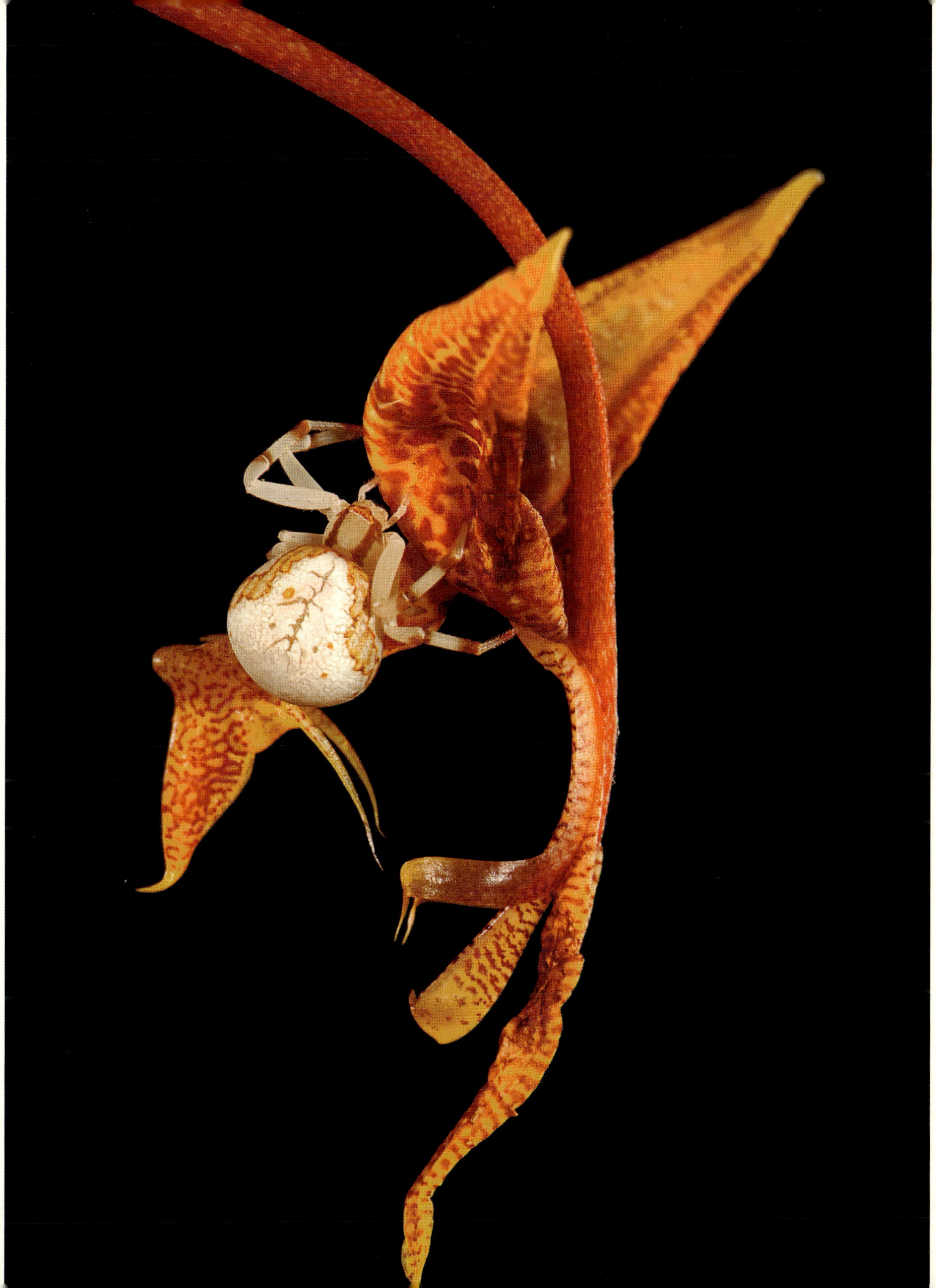

Oben: Pyrorchis nigricans.

Rechts: Caladenia caesarea.

Beide im Bundesstaat Western Australia, Australien.

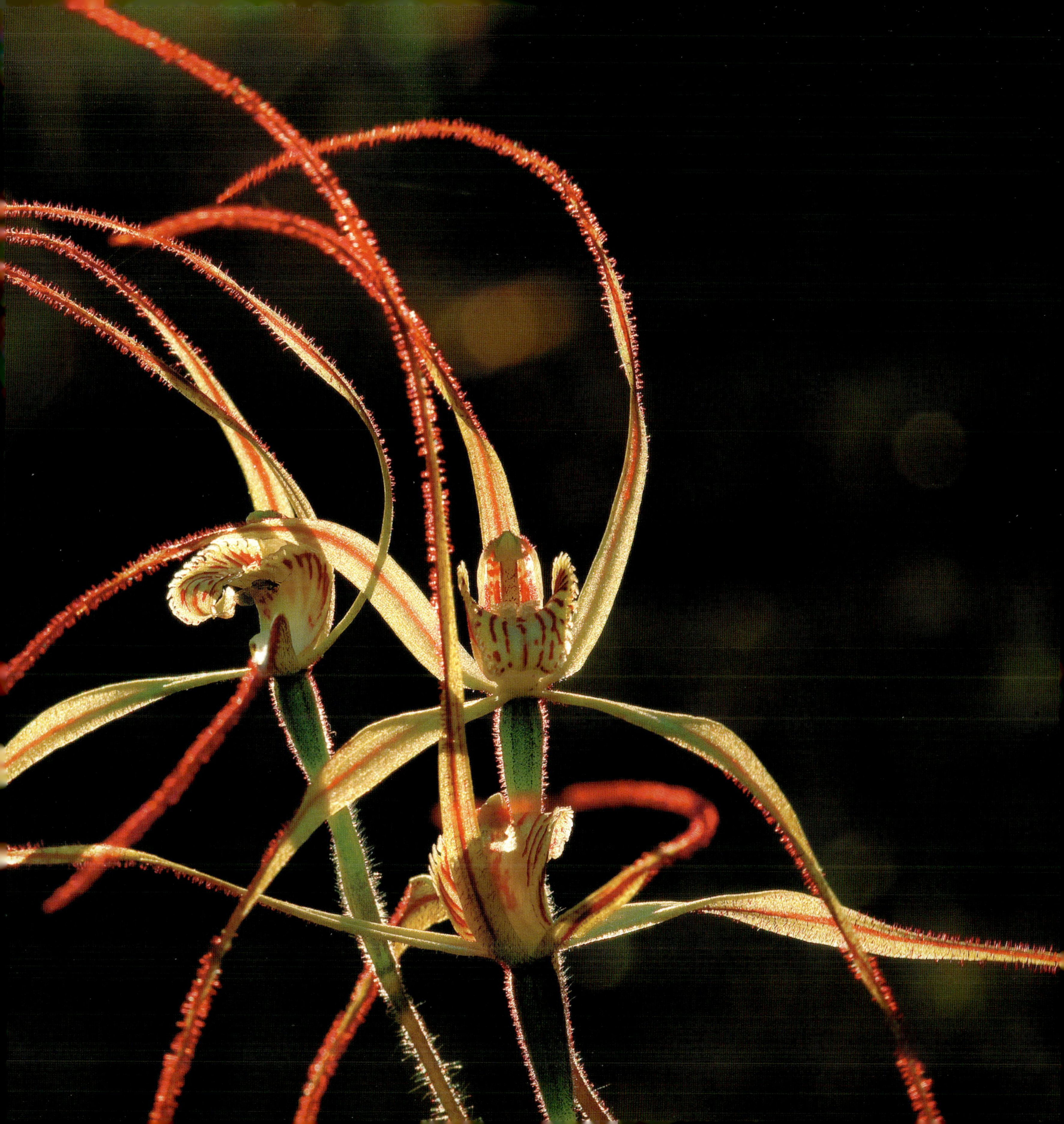

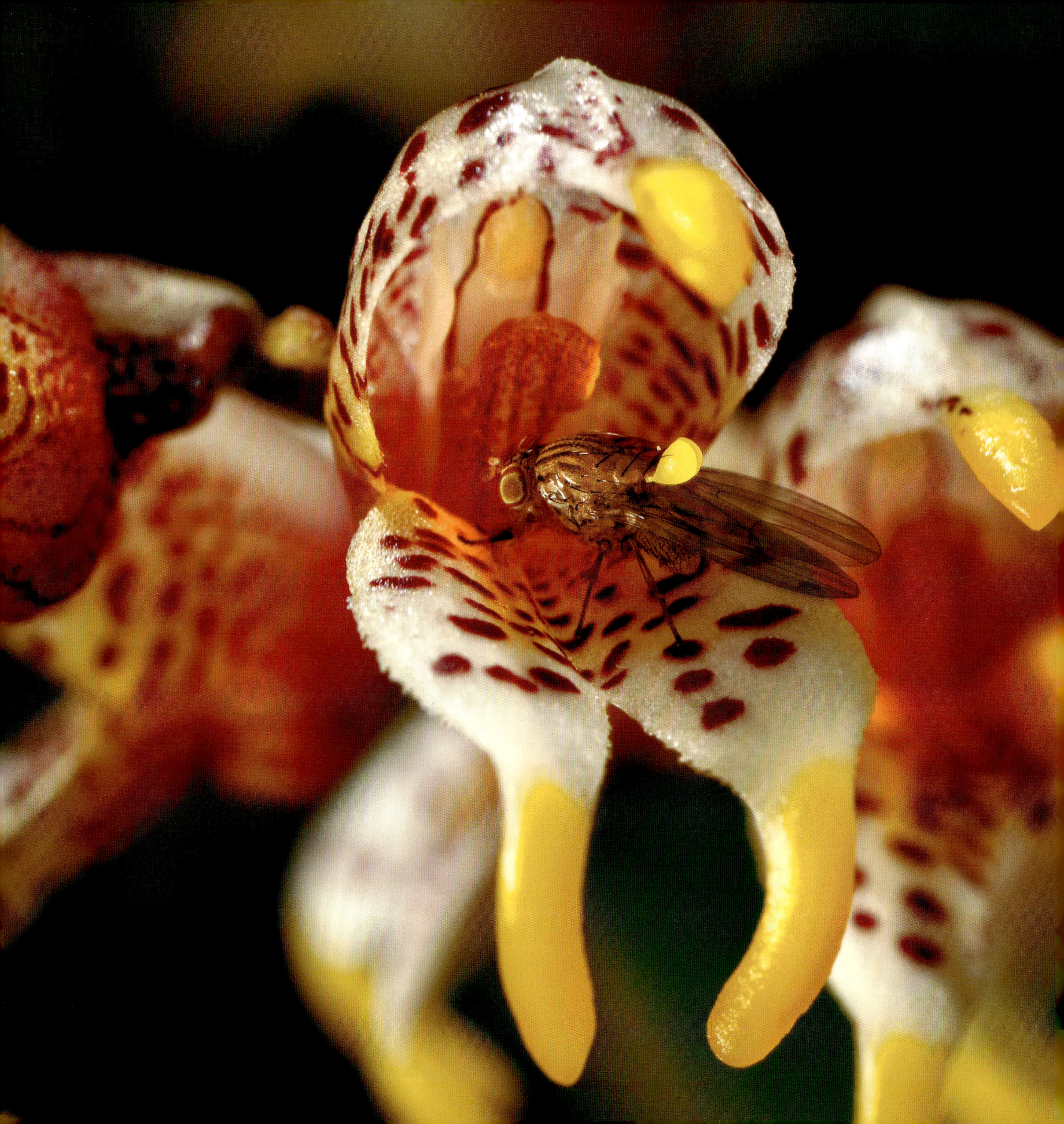

Links: *Wie ein weit aufgerissenes Maul empfängt die Blüte der* Masdevallia caloptera *ihren Bestäuber, eine kleine Aasfliege mit gelber Pollenfracht auf dem Rücken.*

Oben: *Winzige Aasfliegen bestäuben diese Spezies der Gattung* Masdevallia*; eine der Besucherinnen trägt ein kleines Pollinium auf dem Rücken. Die blutrote Farbe der Blüte, ihre Textur und ihr Verwesungsgeruch tragen zu dem Eindruck verrottenden Fleisches bei, der diese Fliegen anlockt.*

Beide im Orchideenreservat Finca Drácula, West-Panama.

Nahrungstäuschung

Unter den raffinierten Tricksereien, mit denen Orchideen Bestäuber anlocken, kommt dem Betrug um Futter eine wichtige Rolle zu. Während zwei Drittel der Orchideen ihre Bestäuber tatsächlich mit Nektar belohnen, imitieren manche lieber nur das Aussehen und den Duft nektar- oder pollenreicher Blüten – oder auch verrottenden Fleisches, wie die *Masdevallia*.

LUST UND FRUST 165

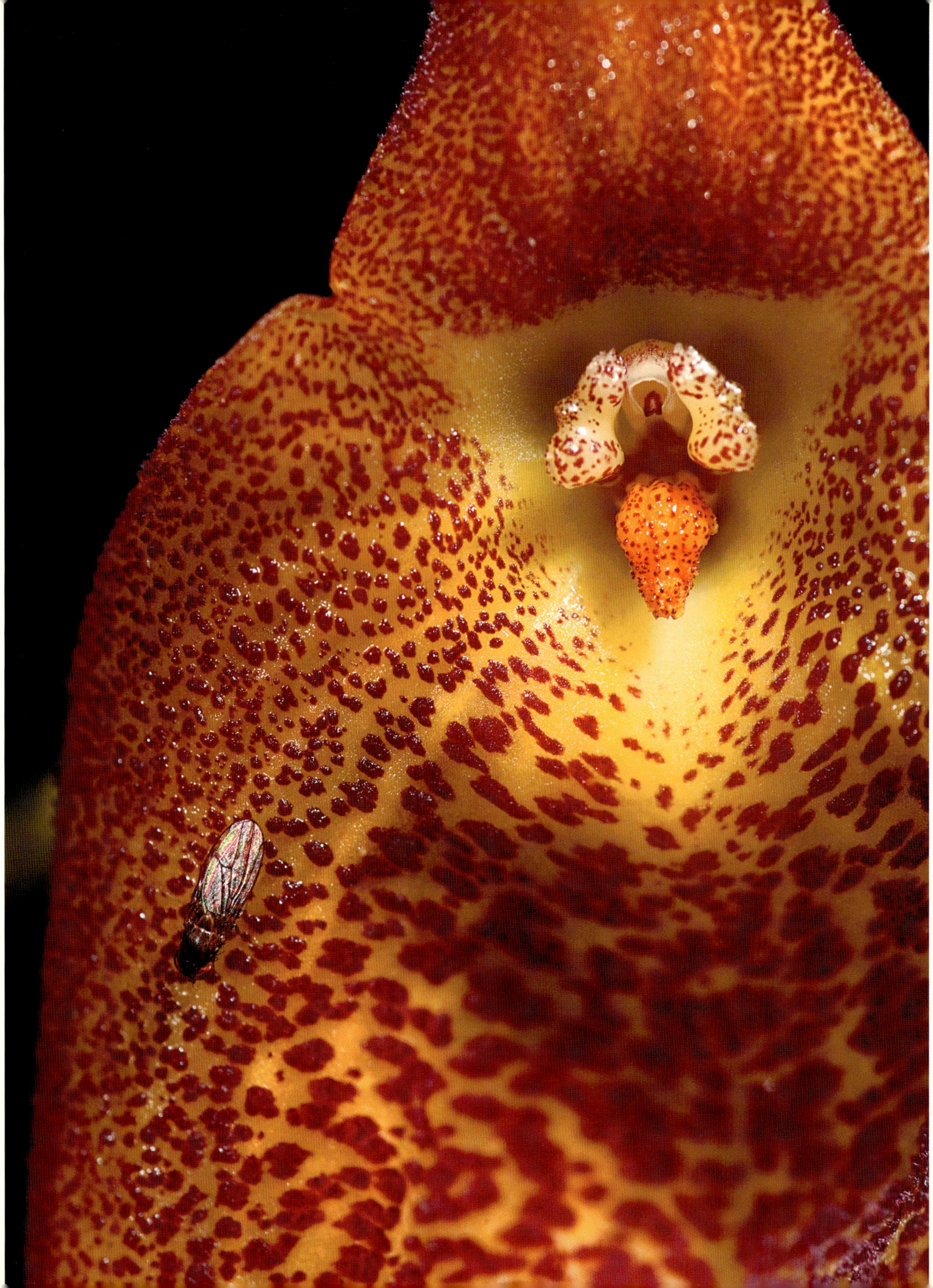

Links: Masdevallia regina *und eine winzige Aasfliege.*

Oben: Masdevallia ignea, *ebenfalls mit ihrer winzigen Bestäuberfliege.*

Beide im Orchideenreservat Finca Drácula, West-Panama.

LUST UND FRUST

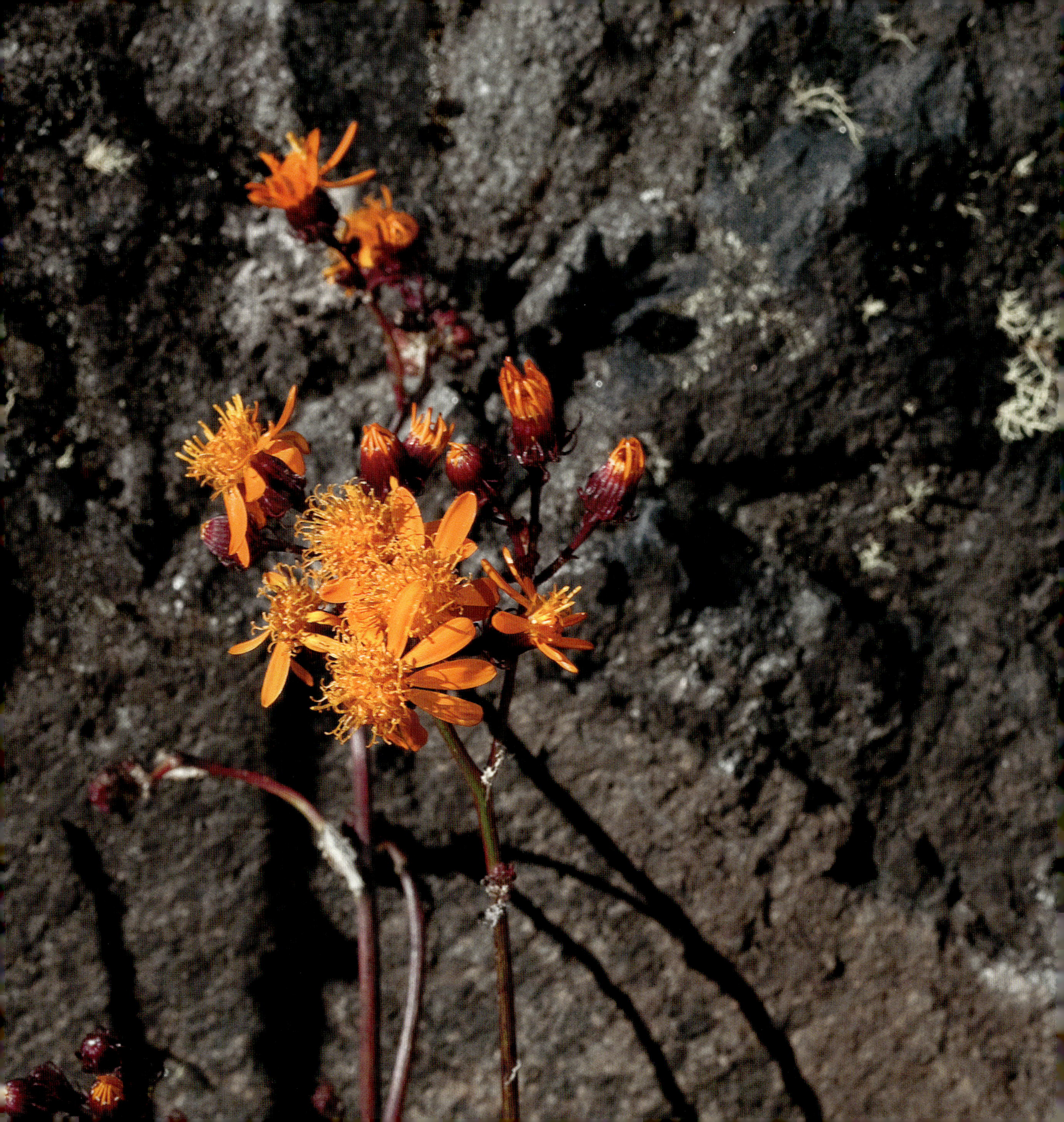

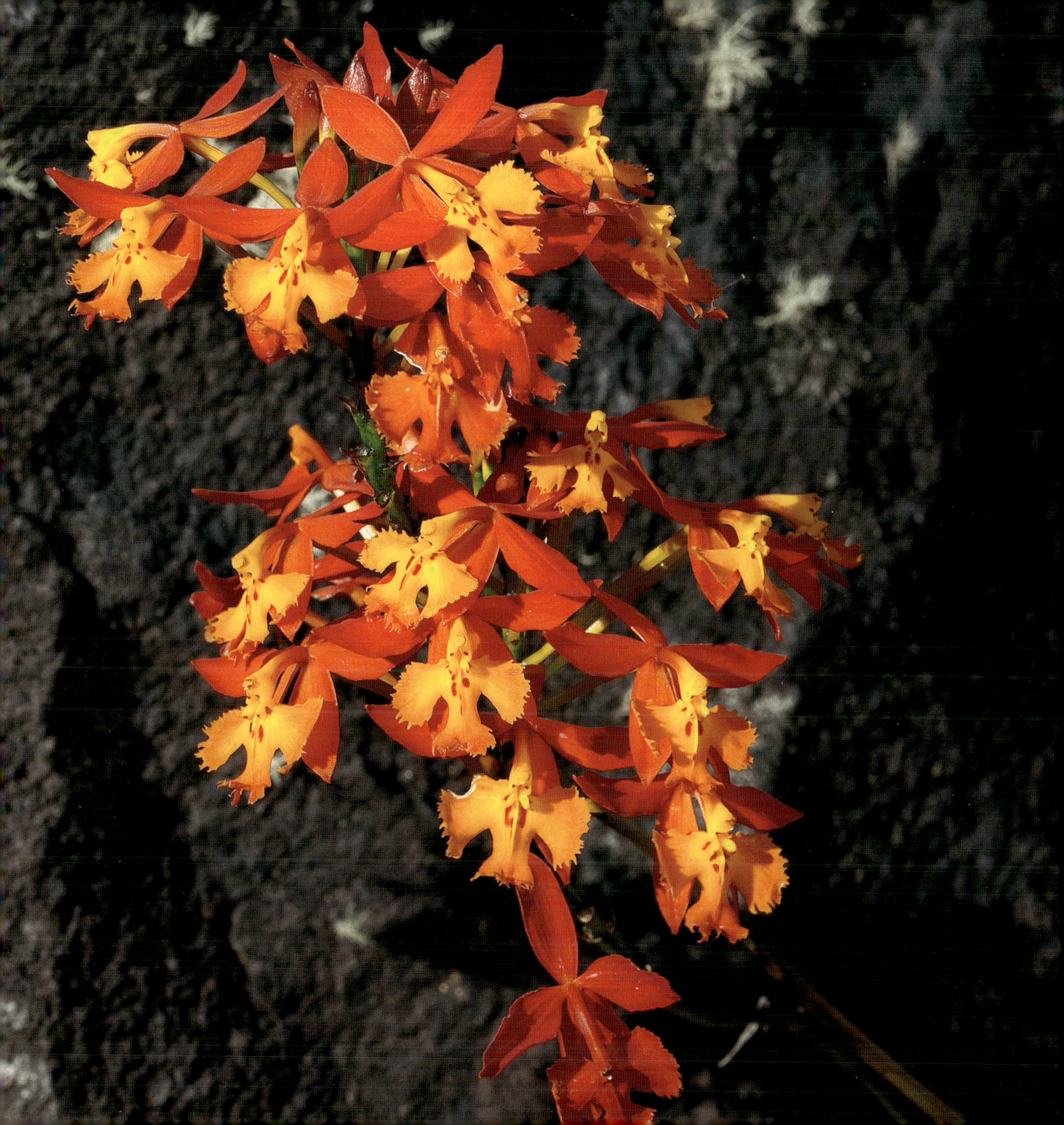

Vorhergehende Doppelseite: Epidendrum radicans *direkt neben einem nektarreichen Korbblütler, von dessen Nähe sie gern profitiert. Nationalpark Volcán Barú, Panama.*

Links: Ophrys eleonorae × lupercalis *ist eine Naturhybride zweier Ragwurz-Arten. Deren Bestäuber sind zwei Sandbienenarten, die zwar auf jeweils eine der Ragwurze spezialisiert sind, aber gelegentlich auch die andere besuchen. Solche Hybriden finden sich in der Natur immer wieder.*

Oben: Ophrys bombyliflora *(Drohnen-Ragwurz) mit ihrem Bestäuber, einem Langhornbienen-Männchen.*

Beide auf Sardinien.

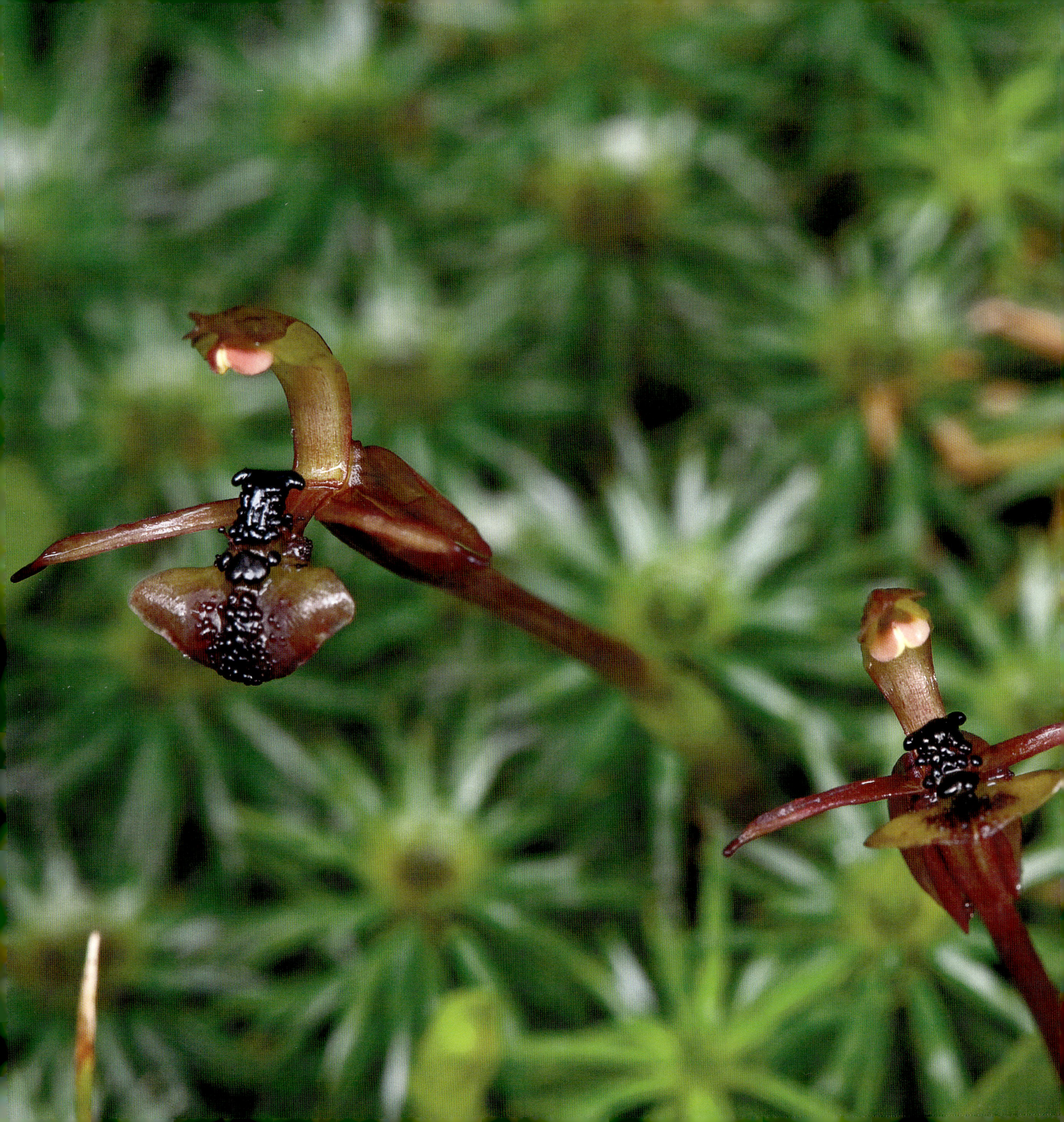

Links: Chiloglottis formicifera. *Bundesstaat New South Wales, Australien.*

Oben: *Auch* Drakaea livida *bedient sich der Sexualtäuschung, um ihre Bestäubung sicherzustellen. Die Blüte verfügt über einen Gelenkmechanismus, der den Bestäuber in genau die richtige Position schleudert, um ihm dann den Pollen anzuheften (siehe Foto Seite 176). Südlich von Perth, Bundesstaat Western Australia, Australien.*

Sexualtäuschung

Sexualtäuschorchideen sind brillante Imitatoren; sie schaffen es, den Duft und das Aussehen weiblicher Insekten so gut nachzuahmen, dass sich Insektenmännchen von ihnen verführen lassen. Diese Methode bringt jedoch auch Einschränkungen mit sich, denn die Orchidee lockt nur eine ganz bestimmte Bestäuberspezies an. Andererseits sorgt die Mimikry dafür, dass sich der Bestäuber als getreuer, seiner Orchidee rettungslos verfallener Liebhaber gebärdet. Manchmal fühlen sich die ausgetricksten Männchen von der Orchidee sogar stärker angezogen als von den eigenen Weibchen, da die Blüten das verlockende Sexualhormon in größerer Menge abgeben.

Oben und rechts: Caladenia pectinata *bedient sich der Sexualtäuschung, um die Männchen einer parasitären Wespe anzulocken. Denmark, Bundesstaat Western Australia, Australien.*

LUST UND FRUST 175

Oben: Drakaea livida *lockt die Männchen einer parasitären Wespe an, indem sie das Imitat eines weiblichen Sexualhormons verströmt.*

Rechts: *Paarungswillige Männchen einer parasitischen Wespe umschwärmen* Caladenia pectinata, *deren rote Lippe, das Labellum, sie für ein Wespenweibchen halten.*

Beide bei Denmark, Bundesstaat Western Australia, Australien.

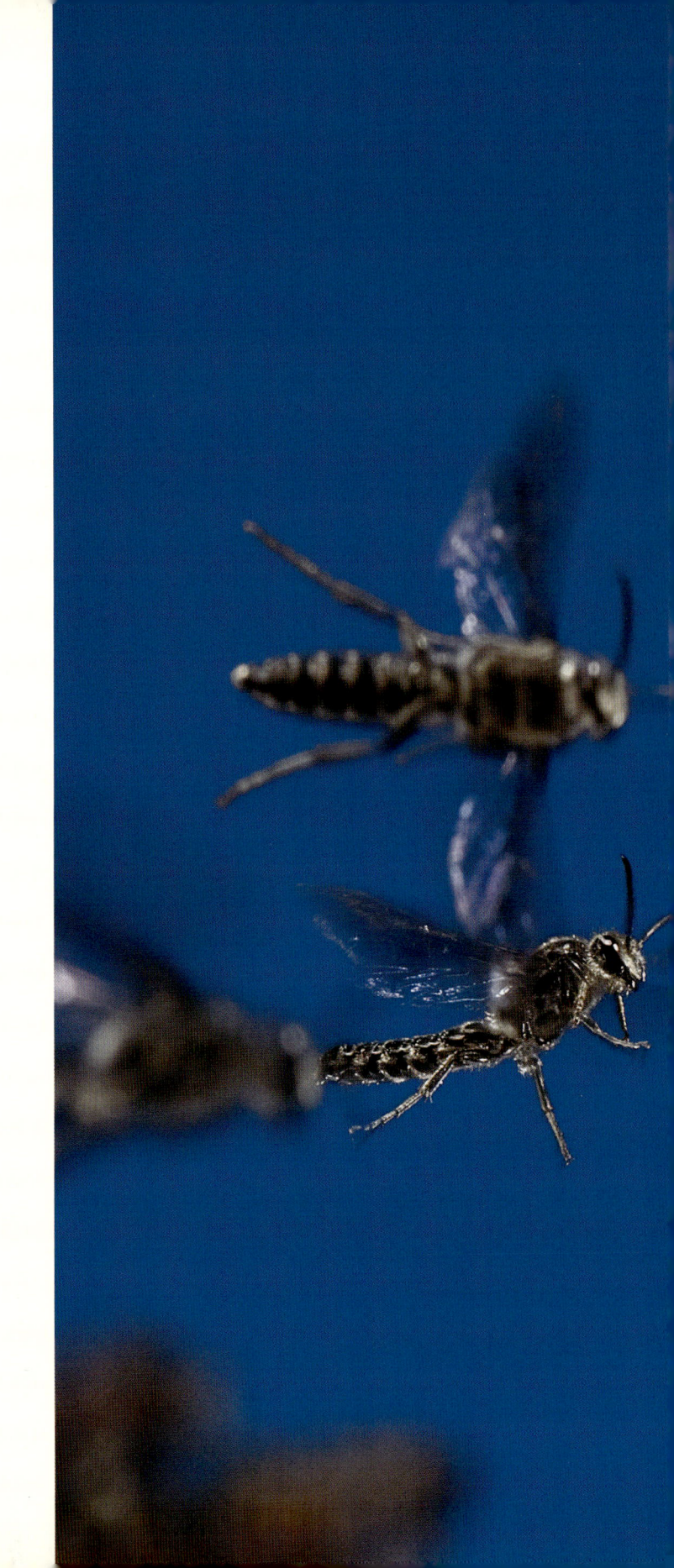

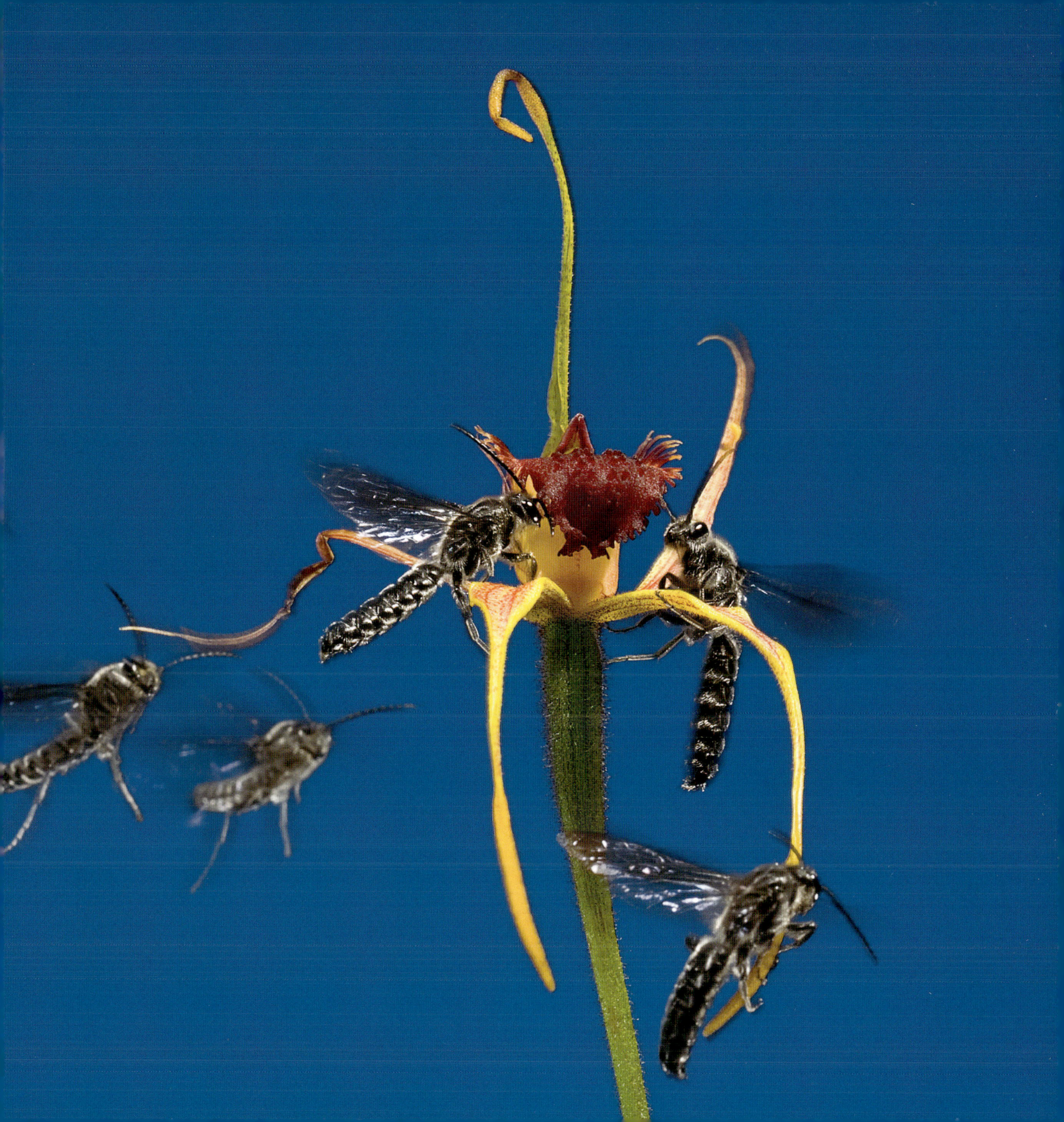

Coelogyne *sp. Poring Hot Springs, Sabah, Malaysia, Borneo.*

Artenregister

Fett gedruckte Zahlen verweisen auf Texte zu den Arten.

A
Aceras anthropophorum 132
Aerides lawrenceae 160
Anacamptis papilionacea 56, 59, 140
Angraecum sesquipedale **146**
Aspasia epidendroides 101

B
Bletia purpurea 122
Brassavola nodosa 51
Brassia arcuigera 120
Bulbophyllum **142**
Bulbophyllum blumei 4, 110
Bulbophyllum corolliferum 110, 147
Bulbophyllum lobbii 78, 95
Bulbophyllum longiflorum 81

C
Caladenia 18–19
Caladenia caesarea 162
Caladenia cairnsiana 29
Caladenia discoidea 102
Caladenia flava 46, 48, 143
Caladenia multiclavia 99
Caladenia pectinata 102, 174, 176
Caladenia polychroma 48
Caladenia splendens 107
Caladeniinae **146**
Calanthe pulchra 110
Catasetum viridiflavum 75, 139
Cattleya labiata **100**
Chiloglottis formicifera 173
Coelogyne sp. 179
Coryanthes 11, **30, 32**, 141
Coryanthes panamensis 11, 153, 155
Cryptostylis **29**
Cyanicula sericea 46
Cychnoches warscewiczii 33, 119

D
Dactylorhiza maculata 39, 62
Dendrobium sinense **142**
Dendrobium victoriae-reginae 148–149
Dichaea sp. 75
Disa crassicornis 82
Diuris magnifica 37, 44, 158
Dracula **25, 142**, 182
Dracula erythrochaete 16–17, 137
Dracula venefica 127
Dracula wallisii 25
Drakaea livida 173, 176

E
Elleanthus sp. 8
Encyclia alata 52
Encyclia bractescens 4
Epidendrum sp. 92
Epidendrum nocturnum 71
Epidendrum radicans 27, 54, 150, 170
Epidendrum schlechterianum 116, 119
Epipactis helleborine 60
Eria sp. 85

F
Fernandezia sp. 43
Frauenschuh s. *Paphiopedilum* 81

G
Glanzständel s. *Liparis*
Gongora sp. 129
Gongora powellii 158
Gongora tricolor 160
Grünkappe s. *Pterostylis*
Gymnadenia conopsea 38, 62

H
Händelwurz s. *Gymnadenia*
Himantoglossum robertianum 158
Hundswurz s. *Anacamptis*

K
Knabenkraut s. *Dactylorhiza, Orchis*
Kometenorchidee s. *Angraecum sesquipedale*

L
Lepanthes sp. 24, 116, 120
Leptoceras menziesii 98
Liparis sp. 97
Lockarthia amonena 122

M
Masdevallia **142**
Masdevallia sp. 93, 125, 165
Masdevallia caesia 109
Masdevallia caloptera 86, 165
Masdevallia coccinea 122
Masdevallia excelsior 125
Masdevallia ignea 167
Masdevallia livingstoneana 8, 76
Masdevallia regina 86, 167
Maskenorchidee s. *Coryanthes*
Myrmecophila brysiana 51
Myrmecophila sp. 129

N
Neofinetia falcata **12**
Neottia nidus-avis 60, 65

O
Oncidium 25, 141
Ophrys **4, 22, 23, 24, 25, 143, 144**
Ophrys bombyliflora 21, 171
Ophrys chestermanii 130
Ophrys eleonorae 171
Ophrys incubacea 135
Ophrys lupercalis 171
Ophrys morisii 23
Ophrys speculum 4, 56, 130
Ophrys tenthredinifera 132
Orchis 24, 26, **37**, 100
Orchis mascula 59
Orchis papilionacea 135

P
Paphiopedilum sp. 81
Paracaleana nigrit 14–15
Phalaenopsis doweryensis 112
Pleurothallis sp. 116, 122
Prosthechea chacaoensis 115
Prosthechea cochleata 70
Prosthechea prismatocarpa 109
Prosthechea prismatocarpa 35, 115
Pterostylis barbata 104
Pterostylis nutans 48
Pterostylis sargentii 104
Pterostylis sp. 44, 104
Pyrorchis nigricans 162

R
Ragwurz s. *Ophrys*
Renanthera matutina 112
Rhizanthella gardenri **147**
Riemenzunge s. *Himantoglossum*
Rodriguezia lanceolata 67

S
Schomburgkia lueddemannii 76
Schönorchis s. *Calanthe*
Schwanenorchis s. *Cychnoches*
Serapias **25**
Serapias lingua 132
Sobralia sp. 54
Ständelwurz s. *Epipactis*
Stanhopea wardii 88

T
Ticoglossum oestedii 93
Trigonidium egertonianum 100
Trisetella sp. 127

V
Vanilla planifolia **12, 100**
Vogel-Nestwurz s. *Neottia nidus-avis*
Zungenorchidee s. *Cryptostylis*
Zungenständel s. *Serapias*
Zwiebelblatt s. *Bulbophyllum*

Dank

Die in diesem Buch gezeigten Fotos konnten nur zustande kommen, weil mich Forscher und Orchideenliebhaber aus aller Welt großzügig unterstützten und an ihrem Wissen teilhaben ließen. Die folgenden Experten halfen mir bei der Themenauswahl, und ich danke ihnen für ihre Zeit und ihren Rat: Peter Raven, Robert Dressler und Peter Bernhardt (Missouri Botanical Gardens); Neal Smith und Dave Roubik (Smithsonian Tropical Research Institute); John Alcock (Arizona State University); Rod Peakall (Australian National University); Kingsley Dixon und Ryan Phillips (Kings Park and Botanic Garden, Perth, Western Australia); Manfred Ayasse (Universität Ulm); Gerhard Zotz (Carl-von-Ossietzky-Universität Oldenburg); sowie Tom Mirenda (Smithsonian Institution).

Glücklicherweise durfte ich mich anderen Forschern und Orchideenliebhabern auf Exkursionen anschließen, ohne deren Hilfe ich die gesuchten Arten niemals gefunden hätte. Gaspar Silvera ließ mich auf mehreren Exkursionen an seinem gewaltigen Wissen über die wilden Orchideen Panamas teilhaben; Keith Smith und Ryan Philips führten mich in die faszinierende Welt der Orchideen von Western Australia ein; Rod Peakall begleitete mich durch einen herrlichen Eukalyptuswald südlich von Sydney; Julia Gögler und Pierluigi Cortis gestatteten mir, sie auf Sardinien ins Feld zu begleiten. Ich danke ihnen allen.

Ein Teil der Fotos in diesem Band entstand in Orchideensammlungen an Naturstandorten, wo die Bestäuber ungehindert Zugang zu den blühenden Pflanzen haben. Meine große Dankbarkeit gilt Andres Maduro, der mich in seinem Orchideenreservat Finca Drácula (Cerro Punta, West-Panama) willkommen hieß – mit rund 2200 Orchideespezies eine der umfassendsten Sammlungen der Welt. Gaspar Silvera gestattete mir, seine umfangreiche Sammlung von Tieflandarten in Chilibre (Panama) zu fotografieren, und Robert Lamb öffnete mir die Türen zum wunderbaren Orchideengarten des Tenom Agricultural Center in Sabah (Malaysia, Borneo). Auf Augenhöhe mit den epiphytischen Orchideen der Regenwälder Panamas in der fünfzig Meter hohen Kronenregion konnte ich nur dank der Wipfelkräne des Smithsonian Tropical Research Institute gelangen, dem ich selbst angehöre.

Der größte Teil des in diesem Band gezeigten Bildmaterials entstand im Rahmen einer Fotoreportage für das *National Geographic Magazine*. Nur dadurch war es mir möglich, auf vier Kontinente zu reisen und die wundersamen Orchideen Zentralamerikas, Italiens, Borneos und des australischen Bundesstaates Western Australia zu bestaunen. Für dieses Magazin tätig zu sein ist eine besondere Ehre; sehr dankbar bin ich Sarah Leen (Bildredaktion), die mir den Weg durch den Orchideendschungel wies, sowie David Griffin (Fotografische Leitung), David Whitmore (Gestaltung) und Chris Johns (Chefredaktion).

Ohne eine Person jedoch wäre dieses Buch niemals umgesetzt worden: Lisa Lytton erarbeitete mit mir das Konzept, bearbeitete die Bildauswahl, entwarf das Buchdesign und kümmerte sich außerdem um tausend weitere Details. Sie wusste immer, was ich wollte – sogar dann, wenn ich es selbst nicht wusste.

Karen Kostyal verwandelte meinen unbeholfenen Text in wunderbar fließendes Englisch – erst dadurch wurde hieraus ein richtiges Buch; Kathy Moran half in allen Layout-Fragen. Herzlichen Dank allen beiden! Mehrere Orchideenspezialisten waren so freundlich, mir bei der Identifizierung der abgebildeten Orchideenarten zu helfen; andere lasen das Manuskript gegen, um sachliche Fehler auszumerzen. Dafür danke ich Dr. Robert Dressler, Dr. Manfred Ayasse, Gaspar Silvera, Julia Gögler und Tom Mirenda.

Christie Henry, unsere Programmleiterin bei University of Chicago Press, unterstützte uns hervorragend und ließ uns zugleich unwahrscheinlich freie Hand. Herzlichen Dank an sie und ihre Mitarbeiter.

Schließlich und endlich komme ich zu meiner Lebensgefährtin Janeene Touchton: Liebe Janeene, ich danke dir für deine Geduld auf all den langen Reisen und für deine liebevolle Unterstützung in allen Lebenslagen. C. Z.

Impressum

Originalausgabe erschienen 2011 bei The University of Chicago Press unter dem Titel „Deceptive Beauties – The World of Wild Orchids"

The University of Chicago Press, Chicago 60637, USA
The University of Chicago Press, Ltd., London, England

© 2011 Paraculture, Inc., www.paraculture.com
© Alle Fotos: Christian Ziegler, www.naturphoto.de

Haftungsausschluss

Autor und Verlag haben sich um aktuelle, richtige und zuverlässige Angaben bemüht. Fehler können jedoch nicht vollständig ausgeschlossen werden. Eine Garantie für die Richtigkeit der Angaben kann daher nicht gegeben werden. Haftung für Schäden und Unfälle wird aus keinem Rechtsgrund übernommen.

Bibliografische Information der Deutschen Nationalbibliothek

Die Deutsche Nationalbibliothek verzeichnet diese Publikation in der Deutschen Nationalbibliografie; detaillierte bibliografische Daten sind im Internet über http://dnb.d-nb.de abrufbar.

Das Werk einschließlich aller seiner Teile ist urheberrechtlich geschützt. Jede Verwertung außerhalb der engen Grenzen des Urheberrechtsgesetzes ist ohne Zustimmung des Verlages unzulässig und strafbar. Das gilt insbesondere für Vervielfältigungen, Übersetzungen, Mikroverfilmungen und die Einspeicherung und Verarbeitung in elektronischen Systemen.

© 2012 Eugen Ulmer KG
Wollgrasweg 41, 70599 Stuttgart (Hohenheim)
E-Mail: info@ulmer.de
Internet: www.ulmer.de
Übersetzung aus dem Englischen: Claudia Arlinghaus
Lektorat: Ina Vetter
Umschlagentwurf: red.sign, Anette Vogt, Stuttgart
dtp: TEXT & BILD, Kernen
Druck und Bindung: Firmengruppe APPL, aprinta druck, Wemding
Printed in Germany

ISBN 978-3-8001-7822-3